冯玉祥自传 2

我的抗战生活

第三、第六战区司令长官
国民政府军事委员会副委员长
军政部陆海空军抚恤委员会委员长

所亲见的国民党正面战场

中国青年出版社

我

冯玉祥

（一九四〇年五月三十日）

平民生，平民活。
不讲美，不要阔。
只求为民，
只求为国。
奋斗不懈，
守诚守拙。
此志不移，
誓死抗倭。
尽心尽力，
我写我说。
咬紧牙关，
我便是我。
努力努力，
一点不错。

目录

01

卢沟炮火

一九三七年（民国二十六年）七月七日，我正住在庐山。在这以前看日本人的情形，就知道要有大规模的侵略动作，尤其是要在北方发动。当时的形势，是宋哲元、张自忠、刘汝明、冯治安、赵登禹几位将军，驻守在北平、天津、保定、察哈尔各地（刘汝明驻察哈尔、张自忠驻天津、冯治安驻保定、宋哲元驻北平）。日本人看着这一部分军队，就如同眼中钉一样。因为他们全军的将士，都情愿死也不愿意把一点儿权利让给日本人。这样，一方面要侵略，一方面要抵抗，当然非打起来不可。

在将打未打的时候，这几位将军外面体谅国家的困难，对日本人表面敷衍，而内里是加紧爱国抗日的精神教育，充实军队的力量，秘密地购买了许多新式武器。全军节衣缩食，省下钱来买了很多子弹，这没有别的，就是为了准备跟日本人死拼。

谁都知道的，抗战的炮火第一声是响在吉星文（时任第二一九团团长）驻守的卢沟桥。卢沟桥筑在无定河上。无定河可以说是很古的一道河，它的源头是在山西地区。洪水泛滥的时候，拖沙带石，汹涌澎湃，忽南忽北，滚来滚去，河身无定。到清朝的时候，才给它起个名字，叫永定河。流至宛平县，上边筑这一道桥，宽大坚固，成了通往南方许多省的一条要道。桥的建筑，雄伟壮丽。俗语说“卢沟桥上狮子数不清”，即言其多的意思。桥北头有一座城，那是专为守桥的军队和地方官吏预备的，后来，就变成收税的地方了。卢沟桥南岸不很远就是长辛店，东边不很远就是丰台，西边就是潭柘寺，可见这个地方形势之重要了。这一天，日本人就在这个地方挑起了衅端。他们怎么也想不到，这些官兵不待命令就敢对抗起来。一方面是宋、张、冯、刘、赵等将领平素爱国教育的认真贯彻；另一方面，就是吉星文团长有血性，有良心，有决心，硬骨头，说干就干，他不顾一切，真的对日本鬼子拼起死命来啦！

“七七”战事一发生，我即从庐山返回南京。宋哲元请我的顾问梁式堂为他的代表，到南京来向蒋介石先生报告。梁先生一下车就病了，住在中央饭店。他对我说，他在北平就患痢疾，宋哲元找他来南京，他家里的人说：“不能去，你有病怎么能去呢？”梁先生回答说：“是自己的命要紧啊，还是国家要紧啊？”决定非去不可。到了车上，天气太热，热得没有办法，车顶子都晒烫了，就把车厢窗户全都敞开，窗户里进来的风也是热的。本来就有很厉害的痢疾病，又加上热风一闷，昼夜不歇，下车就头痛。他把北方的情形对我说了，我马上给他们写了几封信，主要的意思就是对日抗战，非抗到底不可。什么叫“到底”呢？就是把所有的失地都收复回来，这就叫“到底”。梁式堂笑着说，他们一定能做得到。

没有几天，梁式堂先生的病转为脑膜炎，就死在中央医院里了。实在可以说，式堂先生不到南京来，他不会死。他为什么来呢？就是为了献身救国，这真是一个正经的读书人！

北方战起，鹿瑞伯马上到保定，去找宋哲元。找不到，听说他回了老家——山东乐陵去了。忽然我又听到说，日本鬼子袭击南苑，用飞机轰炸得很厉害，佟麟阁副军长、赵登禹师长同时阵亡。我听了这个话，判断官兵一定死了很多，我一面痛哭，一面很高兴。哭的是佟麟阁、赵登禹都从十五六岁就跟着我，那些官兵也都是跟着我同生死共患难的好兄弟，他们一旦死了，如何不难过？我一睁眼一闭眼就看见佟、赵在我的眼前；高兴的是他们为国捐躯，忠勇赴义，死有重于泰山。我作了一首白话诗，抄在这里：

佟是二十六年的同志，
赵是二十三年的弟兄。
我们艰苦共尝，
我们患难相从。
论学问：佟入高教团，
用过一年功；
赵入教导团，
八个月后即回营。
论体格：同样强壮，
但赵比佟更伟雄。
佟善练兵，心极细；
赵长杀敌，夜袭营。
佟极俭朴，
而信教甚诚；
赵极孝义，
而尤能笃行；
二人是一样的忠，
二人是一样的勇。
如今同为抗敌阵亡，
使我何等的悲伤！
但我替他们二位想想，

又觉得庆幸非常。
食人民脂膏，
受国家培养，
必须这样的死，
方是良好下场。
后死者奋力抗战，
都奉你们为榜样。
我们全民族已在怒吼，
不怕敌焰如何猖狂。
最后胜利必在我方，
最后胜利必在我方！
你们二位在前面等我，
我要不久把你们赶上。

在军委会里，我把这个情形向蒋委员长说明，他当日就发表了命令：

“佟麟阁、赵登禹追加上将。”

当天又听说，我的大孩子冯洪国在南苑教导团当大队长，也阵亡了（传闻非实，冯洪国未死）。几个报上都这么说，我觉得如真有其事，可算是很好的下场。我也作了一首白话诗：

儿在河北，
父在江南，
抗日救国，
责任一般；

收复失地，
保我主权，
谁先战死，
谁先心安；
牺牲小我，
求民族之大全，
奋勇杀敌，
方是中国儿男。
天职所在，
不可让人占先。
父要慈、子要孝，
都须为国把身捐。

不多几天，听到说日本鬼子把北平完全占了。有一位团长叫刘汝珍，是刘汝明的兄弟，我曾送他到苏联留学，学的是修理飞机，回国之后，就跟我当卫队团长。这一次在北平，他看见他们的旅长同日本人勾搭，马上带了他这一个团，冲出北平，一直奔南口跑了。这一旅共有两团人，他这一团跑了，那另一团也跟着他跑了两营多。他们在前头跑，日本人就在后边追，一面走着，一面打着，到底日本人也没打着他们。

为什么一个团长不听旅长的命令？说起这一点来，真是中国特有的文明。从前晋国魏犨临死以前，有两段话跟他的儿子讲：先是说，他若死了，需要把他的爱妾另嫁出去，不要殉葬；后来，他的病一天重似一天，快要死时，他又说，他的这个爱妾一定要跟他一块死，要殉葬。魏犨死了之后，他的两个儿子商议说，父亲以前说的话是“治命”，临死的时候说的话是“乱命”，“治命”可从，“乱命”不可从。刘汝珍团长有这种是非之辨，认定他的旅长投降日本，这是“乱命”，不是“治命”，所以不可从，就带着队伍走了。他连年对日打了许多光荣的烈仗，已经升做了军长。

在北平负着责任的人，看到长辛店、丰台都不能走了，他们下了很大的决心，走三家店、门头沟、潭柘寺，绕道长辛店以南，才同队伍合到一起，这总算是侥幸的事。

看《列国》上秦孟明视挂帅来袭击郑国，因为郑国的弦高去西周经商，在街上见前面秦军来袭，就假托君命宰牛，说是来犒劳秦师。孟明视白乙丙以为郑国知道他们来了，一定早有了准备。不敢向郑国前进，就唏哗而归。《列国志》对于这件事批评说：“大军压境，不知戒备，该袭！”以这桩事来看，就知道日本鬼子驻了很多的兵在平津一带，应该是每一分钟、每十分钟都有发动袭击我们的可能。若以为是他不会这么着，他不会那么着，那就是自取灭亡。幸而有这些爱国的将士，不论成败，不计利害，敢同倭寇拼死命到底。什么叫武器万能？什么叫机械化万能？他一概不懂，而只知道用自己的血肉，拿自己的性命来保护国土。这种忠勇无比的精神，实在是至高至贵的瑰宝。

廊坊，日本鬼子也来袭击，也是双方互有死伤。天津守军是张自忠将军部刘振三旅长。日本鬼子想要把刘吃掉，但碰到刘的队伍，倭寇却被打死很多。几进几出，前仆后继，不说是尸积如山、血流成河，可是一堆一堆死的都是日本人。几天之后，因众寡悬殊，刘旅才退到马厂收容整顿，预备再行抵抗。

平汉路日本人用了三种方法：一种是利用侦探，就是用会说中国话的日本人装成中国人，到处活动，侦察我们的秘密。第二，是利用轰炸。河北省秘书长魏兰田先生讲，有一个防空洞里面都是省政府的重要人员，隐藏在里头。有一次飞机投弹正扔在洞顶上，一下子全炸塌了，幸而魏兰田那天没在洞里，不然也就完了。从这件事情看，就知道日本鬼子是利用侦探同飞机轰炸配合起来，坑害我们。

魏兰田家里有个防空洞，就侦察得这么清楚，还用说别的东西吗？第三，是用炮火集中攻击我们。我们的炮少、炮弹少，当然打不过他们。以这三件事来说，侦探算是第一件法宝，男的、女的、老的、少的，高贵人之间都有他们的侦探，很贫穷的人里头也有他们很多的侦探。他们用第五纵队来造谣惑众，那真够得上是指白为黑、视无为有。难民一面跑一面听到说："日本人有五万人,在背后追着呢！"又有人说："还有十万日本人在前面，把桥破坏了。"为什么说这是谣言？那真是天兵天将都不会有这么快。这就是日本人对我们作战使用的最厉害的一种方法。

02

淞沪抗战

说着就快到“八一三”了，这一天我们开一个中央政治会议，在陵园（即南京中山陵）一个无梁殿里头。什么叫无梁殿呢？就是完全用砖砌起的一个大殿。在这里开会，确定了程颂云为第一战区司令长官，阎百川（即阎锡山）是第二战区司令长官，我是第三战区司令长官。第一战区就是平汉路，第二战区就是晋绥，第三战区就是京沪。在开会的时候，汪兆铭（即汪精卫）那个鬼头蛤蟆眼的同他的一位同志，就打算了怎么样坑害主张抗战的人们，怎么样培植主张投降的人们，一言一行都明白地表现出来。

到了十五日，我从南京出发，就任第三战区司令长官。出发以前，我写了一个遗嘱，交给我家里的人，放在我箱子里头。主要的话如下：

“同日本鬼子打仗，是为了雪国耻、收失地，上可以对得住祖先，下可以对得住子孙，成功是成功，失败也是成功。不论到什么时候，我的子孙绝不能同日本鬼子妥协。我有几间房子，都交给李德全就完了。”

出发的时候，参谋长是熊斌代理，刘骥（即刘菊村）为总参议，后来参谋长换了鹿钟麟。从陵园寓所出发，过了宜兴就遇见日本鬼子的六架飞机。飞机飞得很低，飞机上边日本鬼子的太阳徽可以看得很真切。当时若是轰炸，那我们马上就完了。看那样子，和后来的证明，知道他是炸陵园和南京去了。我到了苏州张治中的司令部，知道张治中正在前头打仗，并且打得非常激烈。我同他的副官长谈了不过三分钟的话，我说：

“我要到上海附近去看看。”

出了他的司令部，离开苏州也不过五里，就听见苏州附近有大的轰炸。后来知道，就是炸了那个司令部的外边和里边。由此可见，日本人在京、沪、苏州一带布满了间谍侦探。

后来听说，有一户人家在苏州车站附近开了一个茶馆，在楼底下设有无线电台，他在车站附近看见什么情况，听见什么消息，就马上给日本人报告。不多几天，他的一个独子竟在外面被敌机炸死。他的太太骂他：

“你这个人，没有良心，不能得好报应。你看你给日本鬼子报告消息，日本鬼子的飞机轰炸，连你的儿子都炸死了，你这不是报应是什么呢？”

夫妇俩越吵越厉害，打起来了，他的女人就去告发了。地方上的人捉住他，问实了才枪决的。苏州出的这样事情，不止二三十起。

日本鬼子想出的害人法子非常之多，一个是下象棋，一个是下围棋，完全是为了勾搭中国人，收买中国人。稍一不慎，就被他们诳骗了。地方上这些破落户，没有正经职业，而有酸不溜丢的蹲茶馆的能耐，既不会做工，又不会种田，游手好闲，坐吃山空，没有别的办法，最容易被日本人收买。若是真正读书的青年，或是工人，或是农民，日本人就没有法子接近，也不敢接近。他们知道这些青年和真正的老百姓是有良心有血性的，他们一说坏话，这些人就去打他们，他们怎么敢同这些人接近呢？

我到了昆山车站附近，我的一个副官不认识路，急急忙忙地把引路的小汽车开到昆山车站上去了。这是个死葫芦头，汽车路不通上海，我们又转回来。刚出车站还没有二百步，敌人的十二架飞机就到了，在车站附近俯冲式轰炸，把车站上的队伍炸死了很多。我是下了汽车在一个破房子里，带几个传令副官站在那房子底下，叫汽车开出去二三百步，借着道边上的树木隐蔽起来。敌人轰炸完了，飞机走了，我出来一看，熊哲民参谋长蹲在稻田里，只露出个脑袋来，幸而没有伤着他。这时的谷子刚刚秀齐，水是很深的。

到了上海附近张治中先生的司令部，张发奎同志、顾祝同同志、张治中同志、陈诚同志，他们都是总司令，归第三战区司令长官指挥，另外有杨虎同志，他是上海警备司令。我把在这个司令部里头所见的情形写在下面：

一、很有一种作战的精神，紧张沉着，各司其事。

二、电话、电报十分忙碌，看出战斗的激烈。

三、李印泉先生、张一麐先生、江问渔先生，还有别的几位，从苏州来慰劳军队。他们在大轰炸之下，不顾一切地来慰劳将士，为什么？他们就是代表了大多数民众爱护国家的一种真诚，一种热烈的感情。

四、我们大家在一起照了一张相。这张相是很宝贵的，值得纪念的。

今天回溯往事，也就想起张一麐老先生一九四三年在嘉陵宾馆聘他的女儿。一九四五年他就死了，没有亲眼看见日本鬼子完全投降，真是可惜得很。

李印泉先生前几年在他云南的家乡带着许多家乡子弟，跟日本人拼过多少次的死命，真是老当益壮，越老越坚强，实在不愧是民众的楷模。

江问渔先生住在重庆乡间，吐血很厉害，这实在是一位忧国忧民的教育家。

我记不清，我想黄炎培先生当时也许在场。黄炎培先生这些年来，为抗战，为救国，东奔西走，历尽辛苦，真是到处大声疾呼。胜利之后，他为了民主，为了和平，也努了很大的力。后来还有人去搜查他的家，拿枪对着他家人的胸口，问有枪没有枪，这都是历年以来真诚爱国的人所遭遇的意外的侮辱。最近他到上海去了，还不知道光景怎么样呢！

在张治中的司令部里，同几位朋友开了会议之后，我就回到苏州西边的一个大庙里。这一路上，敌机时而在前面轰炸，时而又在后面轰炸。到苏州附近，就将要黑天了，遇着敌机十几架低飞扫射。我同周茂藩参谋几个人下了车伏到一个坟地里，从地上向上看飞机，看不十分清楚，我想他向下看也是看不清楚。

敌机过去之后，不到五分钟，苏州城里就有一阵很大的爆炸声音。

这天晚上，我住在苏州附近山上的大庙里。这个庙里边，情形很特别，还有些个古迹。分别记述如下：

一、客厅非常地大，能坐几十桌客人。

二、挂单的和尚也很多，可怜得很。

三、三更半夜里就起来打坐念经，看那一碗饭真不容易吃。

四、我想已经开始抗战，这般人都是我们的同胞，也都是中华民国的主人。为什么不用他们去抵抗敌人？为什么不用他们去做生产事业？为什么叫他们在这里坐吃山空？

五、我觉得这是革命政府的耻辱，也表现了我们社会的落后。

六、有人说吴王夫差原来的宫殿就在那院子西边。有一位四十多岁的和尚不慌不忙地，如数家珍一样说出多少古迹来。我听他的话，认为有一半是真的，有一半是假的。

次日一早，敌人的飞机就到庙顶上，转了一个圈走了。我们用过早饭就到上海去。路上各种车辆太多了，军队也很多，把这路堵塞得喘不过气来，大家都不能通过。费了很大的气力，我们才到了前方。

上海的战场，在一百里以外看着，半边天都是红的，远远地听见炮声昼夜不停。敌人企图先把上海给打开，因为他们扬言三个星期要把中国打投降了。又说，最多用不了三个月。所以才集中力量海陆空齐进，对着上海全力攻击。我们也是尽力地把所有能打的队伍都调了来，一师一师的，一军一军的，简直是用最大的力量拼死命。

有一天晚上，蒋先生给我打电话说，他要到前方来开个会议。这天午后九点钟，我们在距张治中总司令部不远的地方开会（看那光景也不过四里），蒋夫人宋美龄女士也来了。先是大家报告敌人的情形，后是决定怎么个打法。当时报告最详细和陈述意见最有意思的，就是张治中先生。他主张抄袭敌人的背后，从敌人的腰里头截击。我很赞同他这话。后来，蒋先生又详细地指示了一番，就散了。蒋先生坐汽车到苏州，在一个旅馆里停了一下，不到十分钟就上了火车回南京去了。火车刚开，敌人的飞机来了，把旅馆马上炸平。可见敌人的间谍在苏州是如何之多。

有一天，我在无锡梅园的一个地方住着，倭寇的飞机来了，就在那太湖里头扔了炸弹，把鱼炸死了好几百条。我有一首《二百条鱼》的白话诗，记述着这件事。

又有一天，敌机把太湖边上的一个大桥作为目标轰炸起来了。那周围五里路，连一家人家也没有，它跟发了疯一样，冲着那里轰炸起来，岂不是活见鬼了吗？这样劳民伤财，不但不能威吓我们的同胞，却使我们更加仇视日本鬼子。我们的队伍每天一师一师地、两师两师地加入前线，有的一师人加上之后三个钟头就死了一半，有的支持了五个钟头，就死了三分之二。有许多人说，这个战场就是个大洪炉，填进去就熔化了。

空军比着日本的数目相差很远，可是我们忠勇无比的空军将士们，也把日本鬼子打得不轻。不过数目相差太远，有的将领们打电话要飞机，他们不知道，哪里还有飞机呀！他们再三再四地要，又不好意思跟他们说没有，只得说等着吧，过一会飞机就来了。可怜哪！我们前线的官兵，被敌人的飞机用机关枪扫射得抬不起头来，而我们的飞机又被敌人毁坏了十分之九，全面抗战，哪里不要飞机呢？！哪里有那么多飞机呢？！

到今天，我们痛定思痛，觉得太危险了，自己不能制造飞机，简直就如同徒手跟猛虎搏斗一样。现在有很多人说建国建军，我看最要紧的还是建机器，建工厂。如果我们建立起来大量的电气工厂，大量的机器工厂，大量地提炼铝、铀……那么，飞机能自己造，汽车能自己造，不但能造，而且能多造，当然没人敢欺侮我们。若是有人欺侮我们，他必定要吃很大的苦头。空口说建国建军，那是没用的。

昆山有一位曹亚伯先生，他随从孙中山总理革命很多年，总理最看得起他，也最信服他，是我的很好的朋友。我一到昆山就去找他，他是黑天白日都在努力抗战工作。为了抗战，有时他一天都吃不上饭，并且是万分热诚而有义气。有一次，夜间一点钟，我到了他那里，他领我到跟前一个山上去。那里有个大塔，并且有几间房子。他说：

“不轰炸的时候，可以在这房子里办事，轰炸的时候，就在塔底下。”

我说：“当司令长官还能见了敌人的飞机来了藏藏躲躲吗？那不太笑话了？”

他说：“不对，司令长官不叫敌人伤着，这才是真正为国的司令长官，也就是真正爱护官兵的司令长官。若是随随便便叫敌人炸伤了，或是炸死了，那能算是拥护政府吗？那能算是爱护官兵吗？”

我觉得他这话很对。曹亚伯先生是“武昌革命日知会”的发起人，武昌起义可以说曹先生出过很大力的，他是创建中华民国的一位革命英雄，是我们大多数人的最好的模范人物。又有一天夜间，我同白健生先生一路去看曹亚伯先生，他马上给我们预备好了地方，让我们在一个屋里讨论事情，他在外边警戒着。这种情形太难得了。过了没几个月，上海沦陷了，昆山也沦陷了，曹先生得了病与世长辞了。这就是日本人侵略我们，把我们宝贵无比的曹亚伯先生给害死了，真是可惜到万分！

在昆山，有一天夜间两点钟去看陈诚，他正在那里伏在桌子上研究地图。我同他谈了一会儿前方作战的事情。我知道陈先生到了深夜还在那里苦心研究，真是一位抗战的好将军。他能吃苦耐劳，能实干，敢说话，不怕得罪人，这是他最大的长处。有些人故意跟他为难，我觉得不大妥当。我常常说几句公道话，也有人不痛快，我是不管那个，应当说的我还是说。

日本的间谍布置到各处。有一天夜间十一点多钟，敌人的飞机来到昆山附近，马上就有人放红灯，一个一个地起来了，当然敌人轰炸很容易。像这一类的事他们布置得很多，把我们的人坑害得很厉害。

上海到苏州的一条公路，一运起兵来，就显得太窄了。军队行军占去了一半，一辆汽车又占去一半，对面再来一辆汽车，这就没办法了。若是对面再来一部分军队，那就挤成酱了。这还说的是步兵行军。若是炮车呢，就挤在一起，谁也不要走了。交通在各方面都关系很大，对于军事来说那简直是重要到万分。差五分钟都不得了，何况是几个钟头过不去呢！特别困难的是路上没有交通警察，没有人指挥，这样一来，彼此在那里对峙，谁也不让谁，敌人的飞机来了，很厉害地轰炸，就这样死的人很多。

有一天，蒋先生给我一个电报说，据夏楚中报告，他有一营人守宝山，全营覆没，所有的官兵都为国牺牲了。这个消息，我向将领们说了之后，人人都很悲痛，各个都愿意效法他们，为国家尽忠，为民族尽孝。真的，此一壮烈的事迹，鼓励士气很大。可见人生世上，都是互相影响的。

在作战的时候，伤兵伤官很不好往下运，运到苏州、无锡，各地临时医院里也有。伤兵是吃了大亏，一个是事前没有预备那么些医务人才，还有一个是没有预备那么些药品，再一个是交通太不便，担架队太少，运不下来。有一次，有个伤兵到了医院门口，大哭大骂，哭骂完了就死了。那是因为他路上流血太多，没有水喝，没有人照护，他觉得还不如死在前方好。又有一次，几个受伤的连长，运到南京火车站，也是大声地骂起来，说：“你们把我枪决了好了！”这都是流血太多，没有包扎，太痛苦的缘故。

到了医院的人，本来地方上的父老绅士们、各界的同胞们，都愿意有点表示，送些礼物和钱，可是有些特务人员夹杂在医院里，不准人们去看，不准人们送东西，就这样一闹，弄得大家莫明其妙，只好不闻不问了。这样冷淡下来，伤兵们受苦，士气也吃亏很大。

前方打仗的军队，指挥的权限不一，最高统帅连一连炮兵他都指挥着。电话是通的，一会儿叫这个，一会儿叫那个。因此，有些官长躲在后方，手里拿着电话，一叫他就在了。问他在哪里，他说我在最前线上什么什么地方。其实不然，他在离开战线很远的地方，就单抱着个电话机等着打电话呢！狡猾的是这样，不狡猾的在前方死拼，叫不到他，这实在是大可研究的事。

说到炮兵、工兵，临时拨归某部队指挥，平时并不归他统辖，这样一来，人生面不熟，彼此不相了解，叫他把炮队在什么地方进入阵地，他就自己打起如意算盘来了。有一次，一个炮兵连长对我说，他那一连是四门炮，叫他进入阵地，他就拉一门炮上去了，其余的留一门在后方，而把另两门炮藏到后方很远的地方。我问他：

“你为什么这样办？”

他说：“我看前方的光景不好。不久要退却的时候，指挥官的队伍说走就走了，我这炮要退多艰难啊！他到时若不给我信，那就更糟了。”

这些炮兵的官长都存着这种心理，前方的炮火威力怎样能增大呢？若是这个制度不改革，恐怕将来还有很大的乱子。

军队里头吃饭是一件大事。“人是铁饭是钢，一顿不吃就心慌。”俗语说得好，“人是官的，肚子不是官的”，这是说非吃饭不可。我们事前对于携带干粮毫无准备，饼干没有，罐头没有，就连面包也没有的。吃什么东西呢？还是吃大米饭。怎么做法？散兵线后头，近了不能做，远了做好送到前方全都凉了，凉饭一吃就病。今天的飞机，敌人全是低飞，除了轰炸就是用机关枪扫射，他看见你哪里一冒烟他就轰炸，哪里一冒火他就来扫射，伙夫没有办法做饭，若打死几个那就更没办法了。实在说起来，前头的队伍，连官带兵，有一多半是饿得不能打仗，并不是敌人多么厉害。我确实知道，官兵们吃饭的事到如今还没有办法。为什么呢？有些人，他们就不愿意注重这类根本问题，完全是自己骗自己，怎么会不糟糕呢？

说到运输问题，以连为单位来说，谁担子弹，谁送饭，谁送粮秣，谁送伤兵，每连上哪几个兵，除一除这个，除一除那个，七折八扣，剩了很少很少的在前头打仗。为什么这样办呢？就是因为他们不注重性命根本的大事。

看看吧，拉炮的骡子和驮机关枪的骡马，真是骨瘦如柴，那可以说是"窈窕淑骡"了，它还能拉炮？它还能驮机关枪？它走路都走不动！为什么这个样子？因为炮兵直属军政部，军长、师长、旅长都管不着他，而军政部又有那么多的事，他怎么照顾得了呢？因此，骡马的事就糟得不成个东西了。骡马是军中的活动武器，克扣骡马的麸料，就像损坏枪炮一样。他们会说，不会去看；他们会坐在屋里等报告，不敢去实地察考。还有一个病根，他们不敢切切实实地惩办哪一个不好的，奖赏哪一个好的，不论什么事，得马虎就马虎了，有什么事情不坏到底呢？

军队本是大家同生死共患难的地方，不能用什么特务在里头，但哪晓得，也是有特务的。他奉的命令是专做报告，这样一来，他没有报告就不能领津贴，逼得他就无枝而添叶地来干，小报告一天几个，弄得很麻烦。好在我是满不在乎，我的遗嘱是写好了的，我就是要死在敌人手里，日本鬼子要打不死我，我一定要收复失地，至于旁的，你报告什么不报告什么，我全不在乎。

有一天，新买了两辆摩托车，一个叫李正义的，他骑着到宜兴那边一个山洞里去，到宜兴拐弯没拐好，摔了个半死，就送入医院了。本来他是在交辎学校学的，谁晓得他一大意便出了一个大岔子。

若不是摔坏了他，我还不知道。

有一个姓孙的，山东人，在英国读过书，看他那个样子，就是不紧不慢的，不拿着事情当事情。有一天夜间十二点，我在无锡那个湖边上住着，忽听到飞机轰炸声，我马上就叫姓孙的去看，并且叫他去打听打听百姓。谁晓得他马马虎虎，一直到了午后三点也没报告，他真是拿着事情不当事情。后来他跟着鹿瑞伯先生到河北去了，弄得怎么样，不大清楚。鹿先生当兵役部长的时候，我看见他跟着鹿部长，不久就听到说，他因为贪污下了监狱，定了十年还是八年的监禁。可见自己看不起自己，拿着事情不当事情，不真正负责任，不听人的话，是自己害了自己。未下监禁以前，他从英国留学回来，我没看见他拿过书，不但英文不看，中文也不看。一个人不看书，不自己教育自己、管自己，怎么能进步呢？

03

津浦前线

有一天白健生来对我说，宋哲元的队伍退到了马厂，蒋先生叫他跟我商量，问我到河北去指挥他这一路的队伍好不好。我说：

“在抗战的时候，只有唯命是听，统帅有什么命令，我都是遵从。”

后来，我接到命令，调我到第六战区去。那是很紧急的时候，我马上乘汽车到南京见了蒋先生，我说：

“为了打仗，到哪里去都可以。只是有一句话，王聘卿（即王士珍）和段芝泉（即段祺瑞）。他们两人是好朋友。王当国务总理，段接他的事，当中必须有一个人接替一会儿，他才能接。况且，宋哲元是我的旧部，无论如何，我不能接他的事，若命我指挥他几天，倒无不可，这是我预先要声明的。”

蒋先生很以为然。我预备了火车，马上就走。日本鬼子散布侦探间谍太多了，我由浦口开车，出去不过四站，鹿瑞伯的车子在后方还没开车，当中有一列车，铁路坏了，车也歪倒了，可见日本鬼子是怎样暗中对付我了。我很高兴，日本人总算看得起我，能这么用功夫对付我。去蚌埠一路上都是轰炸，日本人的飞机不在前便在后，用机关枪扫射。走到两下店，这个车站上树木很多，很茂盛，我把车停在这里，跟着我的人都下车出去离开铁路几里路。日本的飞机来往轰炸，把从南边新来的车炸坏了，我这个车到底没有炸着，就是占了树林子茂盛的好处。

到了济南府，我对韩复榘说：

“你要用所有的力量来听政府的命令，对日本人作战就是最正大最光明的道路，千万不可听坏人的话。”

正在这个时候，张自忠来见我，在车站上，韩复榘说：

“求先生为张自忠写一封信给蒋先生。”

我说：“很好，你们的事要我帮忙，凡我能做的，我都愿意做。”

我马上给蒋先生写了一封亲笔信，主要是说赦免人的罪过到多少次，《圣经》上说，七十个七次。

我坐火车到了景县的桑园，下了车，知道前头的军队在马厂打着，并且打得很激烈。这就调后边的队伍，来了一支原系东北的队伍，是姓刘的带着，对他们的将领勉励了几句，就开上前方去了。还有几部归我指挥的东北的队伍，用无线电找怎么也叫不应他们，命令发不下去，多么令人着急呀！我这几年都没有管军事，万想不到这救国救民的军事坏到这步田地！这是谁的责任？一天到晚都是糊弄！“李铁拐，把眼挤，你哄我，我哄你。”这叫什么国家大事？有些身为将领的，一天到晚打麻将，完全是赌博鬼，要想用他，就送他钱，十万、二十万随便送，以为这就是办法。到了真正有事了，除了几个有良心的以外，跑的跑了，溜的溜了，藏的藏了，哪一个也不肯出力真干。像这样子怎么能救国家呢？

千言万语，军事是最科学最实在的东西，不能有一点儿欺哄骗人。现在看一看，半点儿实在也没有，可怕不可怕？有一天，冯治安、陈继淹同一个姓肖的（指肖振瀛）来见我，言谈之下，姓肖的说政府对不起他们。我马上把脸沉下来，对他们说：

“政府现在抗日，无论是谁，不能再说政府不对。”

我又切实地重复了一次，并且又特别地对冯治安叮嘱一番，说：

“无论如何，不能有一点儿受人挑拨，说政府的不对。”

冯治安非常领略这话，说一定切实遵守。

冯治安是河北省主席兼师长，他跟我当过伙夫，也是我的模范连的学生，很勇敢，很坚强，并且对人很谦和。陈继淹是河北人，自从一九二一年（民国十年）由陕西督军署来跟着我，在南苑入了军官高级教导团，后来入了陆军大学。他人很聪明，很知道是非，对于抗战很努力。姓肖的是东北人，完全是政客，有官有钱他卖国都干。中央有许多人被他骗了。他常说，无论是谁，只要同他谈个半点钟的话，无论你有多大本事，他都可以拿着你当泥球儿一样玩。他说起话来，可以叫人爹，可以叫人爷，可以叫人祖宗，什么好听他说什么。可是他脚直动，你问他那是怎么的，他说脚直动就是说“不算，不算”。同这种人打伙计，没有不失败的，同这种人做生意买卖，也一定要失败。他在重庆用汽油有人供给，用车有人供给，这两位先生都是政府的人，也闹了好几年，才晓得是被他骗了。中国的俗话说：“不知其人，观其友。”你这家里老有个卖国贼跑出跑进，别人怎么看呢？后来他做了个大买卖把所有认识的人都坑了，这还不可以证明吗？秦绍文对一个人说，又有人告诉我，肖与雷继尚飞香港与日本贺知商量，何（指何应钦）要广田三原则所说的一切，肖两面来回说谎头。别人问他，他说：

“做媒人的没有不说谎的，非说点谎头不可。”且劝秦先生出去。

秦说：“我不能去，我们有个姓秦的本家，弄得我们已经不能抬头了。”

他问：“是谁？”

秦说：“是秦桧。”

我在常会报告过这事，说这是最危险的事。我记得在察哈尔抗战回到泰山，他去见我说：“再不敢做卖国的勾当了，我母亲叫我来的。”他给我跪倒不起来。又记得吴鼎昌曾有一天见到他，回来讲，肖同他说：“我跟蒋先生闹了一点儿别扭，只把国卖了一半。”

马厂退下来，前面的队伍到了泊头，我找鹿先生同李某（指李文田）、黄师长，还有几个人，拿着我画的图下命令给他们：从侧面分四段抄击敌人，二十里或三十里一段。这种抄击的办法，敌人怎么样也没有办法，这是“抄其背，截其腰”的办法。后来鹿先生回来说，黄维纲对他说，队伍走了十几里路就回来了。问他怎么的呢，他说李某对他说的，老先生叫我们做什么，我们不能不出去走一走，敷衍敷衍面子，真打仗是至死也不干的。我听了这话，就打电话告诉白健生先生说，请他报告蒋先生，军队坏到什么程度了！竟坏到这个样子，谁能想得到？谁把他们养成的？无论如何，管军政的人不能不负责任。

有一天，冯治安从前方给我打电话说，士兵们都在水里泡着，没有鞋、袜子，痛苦得很。我就给何敬之打电话，请他买四万双鞋、四万双袜子。他说：

“国家的章程上没有说发这个东西。”

我说：“你查一查，国家章程上是不是说叫官兵在水里泡着，有没有这一条？要没有这一条，官兵也不要在那里泡着，可以不可以？”

他说：“这样子吧，一样买一万双，可以不可以？”

我说“前方打仗，官兵受伤的一千两千地往下抬，死了的还不算，政府给人买双鞋，买双袜子，这是应当的。你还说四个人一双，那谁穿谁不穿呢？”

为了官兵的事情，总算把这位先生得罪不轻。我深知道，在里头为了士兵的事得罪了何先生，在外边为了不许他们说政府的不好得罪了姓肖的，他们二位内外合起来在南京对付我。还仗着蒋先生是我的老朋友，当时还没有出岔子。

前方的队伍渐渐地向后退，我的长官部也移到了德州。在未移到德州以前，白天敌机轰炸得很厉害，只可利用夜间集合部队加以训练。宋哲元带的学兵团，有一两千人，每天晚上在加紧训练。我特别注重的就是精神教育。若说有形的精神那还在次，最主要的就是无形的精神教育。什么叫无形的精神教育呢？就是一种自我牺牲、死而无悔的士气之造成，牺牲自己的性命，保存最大多数人的性命，流自己的血，使最大多数的人不流血，也可以说是“杀身成仁，舍生取义”的真义的阐发。此外，随时告诉他们实行作业的办法，若是没有深沟高垒，随时都有被倭寇骑兵夜袭的可能。常说的“一失足成千古恨”，我换一句话对他们说：“一懒惰成千古恨。”有铁锹自己不用，不肯把沟挖深挖宽，不肯把墙加高加厚，想着只是一夜怕什么呢，哪晓得许多军队就吃了这一点的大亏。这样经过阐发和指点，他们都能实行起来。后来到了武昌的时候，这些学兵二三百人入了军官学校，他们来见我，还提这一件事，还提到那夜间的训练，就是下着雨也没停止过。他们深深地觉得，那才真是抗战的训练呢！那才真是收复失地的训练呢！

我在德州，觉得韩复榘应当把所有的他能指挥的军队都带到前方来。可是他说话和态度都很犹豫，我知道他左右有坏人，有卖国贼挑拨他。我很不客气地对他说：

“今天下一个高尚的决心，就是四个字‘为国死义’。机会不到，也许不叫我们死。反过来说，没有这个决心，犹犹豫豫，失地辱国，到了那个时候，全国的国民和政府要我们的命，到那个时候后悔就晚了。”

我怕他记不得，我对他连说了三遍。他是含含糊糊地从德州就开车走了。

不两天，就有命令调我到新乡、邯郸一带，整理刘汝明的队伍。这个时候，我知道肖某等所营谋的发生了效力。我到了邯郸，正是谣言很多的时候，说刘汝明的队伍不能打仗，不敢打仗。待我详细地一查考，知道李心田旅长受了伤，刘、田他们几个团长都阵亡了。这几员将校，都是非常勇猛忠实的，为国牺牲了。那下边的官兵，好几千死的死了，伤的伤了。结果呢？一位报馆的先生硬说他们没有打仗，不敢打仗，这真是丧尽天良的话。

我在邯郸城里头，对刘汝明部讲了好几次话，看见官兵的精神非常饱满，纪律也很不错，只有少数的察哈尔各县来的民团有些长短不齐，那个将官就是支应遴。他也觉得这些民团很难带，可是大致都很不错。刘汝明本来是一个很勇猛很诚实很廉洁的将官，因为受了这一次报纸的攻击，他很难过。

有一天，白健生先生给我打电话说，张自忠没有回军队，委员长的意思要放李文田当军长，问我意思怎么样。我说不成，我就把在桑园派鹿钟麟叫他们带着命令抄击敌人的事说了一遍。当时李文田不服从命令，他敷衍命令，黄维纲报告他，说他不按着命令去做，并且说敷衍敷衍老长官的面子就得了。不久的工夫，白健生又打电话来说："委员长说的，尊重先生的意思，还叫张自忠回军队来。"

在这个时候，听说前方的军队，有的对程颂云先生也是躲避命令，他们知道长官部在哪里，他们就躲开长官部，从两翼绕过去。这样一来，程颂云先生几乎吃了大亏。现在是完全胜利了，若是真的整饬军纪的话，确实应当把这一笔一笔的旧账清算清算才对。想不到现在连一个人也没有提这桩事，好像是好了疮疤忘了痛一样，这样怎么能建起军来呢？我觉得这是很可怕一件事。回顾和检讨是进步的要紧方法，美国胜利之后，他们检讨珍珠港的失败，一个人一个人地问，就连马歇尔参谋总长，也得问当时的情形。看看人家是如何检讨过去，我们则一点儿不提，是最不妥当的事。

从景县向西南退，那里有两道河，我顾虑到冯治安和张自忠的队伍退却的时候不能过河，预先派了几个得力的副官会同县政府，在几个重要的地方都搭了浮桥。后来听到说，军队走到那里退过来，一点儿亏也没吃。可见预先侦察地形，做种种的事前准备，是多么重要！

德州以东，一直到海边的情形，各县是怎么个光景，不十分明了。就派了一位姓王的，还有一位姓陆的，两位都是蒙城县人，骑着脚踏车去侦察。想不到一去就没回来，后来听说，是被人杀害了。

是土匪还是什么人干的，都不很清楚。因为我从津浦路又调到平汉路去，隔得远了，好久没得到实在的消息。后来，接到他们家的信，说是被某人给害死了。这是奉命出差，为了抗战遇害的，到而今还没有给他们抚恤金，这是一件良心上最不安的事。我想领抚恤金的事，一定要办到，不这样不但对不住死的，也对不住活的。

我们在济南府，出了一份《抗日早报》，每天一张，也出到几千份，就为了把实在作战的情形报告给民众们，因为当时说真话的报纸太少了。

过了没几天，何敬之打电话说有要紧的事找我到南京去商量，没有几个钟头我就上车出发了。我到了南京听到说，第六战区和第一战区在一条线上，都在平汉路，没有法子指挥队伍，就把我负责的第六战区取消了。我说这个办法好极了。这样我就把已经印出来的各种抗日小册子，叫长官部的人们分发各部队，其中有几本非常重要，并且是一目了然，官兵看了就能懂得。

在三战区的时候，我住在无锡，编过一册短短的《抗战十问》，发到各军队里，为官兵应用。说是有大效力也未必，小效力一定是有的。

打仗是要紧的事，但是若没有自信心，是没有法子打胜仗的，况且我们打的是持久战，越久越能胜利，越短越不能胜利。要想持久，就要有一种信心的训练。信心要增加，必须拿出事实来证明，方才能成。什么事实为最好？一个就是敌人内部要崩溃，大家都知道敌人要崩溃了，自然胜利的信心就增加了，这本《倭寇内部的危机》的小书就是为做这个用的；还有一个就是许多国家都要跟日本作仇敌，也就是都要跟日本人打仗，这样一来，当然敌人离着失败不远了，这一本《对在华外人之暴行》的小书，是为着这个用的；还有《伟大的抗日民众》，是为了使大家认识我们同胞的力量，唤醒人人对敌人敢拼死命，把这伟大的力量组织起来，发挥出来，就一定能打胜仗，这样信心自然就增加了；还有《抗日的模范军人》一本，是说明许多有血性有良心有硬骨头的武装同志，在那里不屈不挠、很坚贞地向着敌人作决死战，这样可以使大家更把精神奋发起来，振作起来；还有一本就是《敌人在我国的暴行》，为的是使每一个同胞看了这本书，都能咬牙切齿，摩拳擦掌，来与敌寇拼命。

04

西迁武汉

不久，我就奉命先到汉口。挂了一列专车，有些朋友同我一路，有沈钧儒先生、老舍先生、赵望云先生他们几位。我们都是八位八位地编制起来，什么茶壶、茶碗、面包、咸菜各样必需的东西，都一份一份地预备好了。开车之后如遇有警报，车一停住就离开车五里路散开，向车的两旁找树林和村庄去休息。在路上遇见了几次空袭，都没有伤着一个人，这太不容易了。

到了徐州的南边叫李坝集，孟昭进来见我，说他要回山东原籍去，发动他们本县的人打游击。我看他很有勇气，知道他是很有硬骨头的军人。他是一个纯粹爱国者，我把我编好了的《游击战术问答》送给他几本，盼望他实实在在地照着这个本子去做，一定能打胜仗的。我记得我另外还送给他四十块钱作为旅费，这一位爱国志士很高兴地就走了。几个月后，忽然听到说，他带了三四千本县的爱国同胞，拿着枪械打进了山东省城，把济南府占据了几天，并且把日本鬼子打死了很多。这样一个赤手空拳的人，回家去不到几个月就做出来了这样一件惊天动地的大事，真是可喜！他在南京是军事委员会的一个中校咨议，在那里谁也看不出他会做出这样为民族尽孝、为国家尽忠的事业来。

我走到郑州，跟我的一位是魏凤楼同志，是军委会中将参议，带着两连卫队。他上车对我说，他愿意回家去发动本县的父老兄弟去同日本鬼子拼命。我说很好，也送给他一些《游击战术问答》之类的小册子。他就在豫东跟日本鬼子拼了几年的死命。有一次他受了重伤，几乎要死，我报告了委员长。委员长派飞机接他到医院里去治疗，并且还发给他医药费，还觉得很对不住他，大家都佩服他为国牺牲的精神。

魏凤楼没有读多少书，但很努力学习，为人极其忠诚，对国家、对民族、对长官、对朋友，真是言忠信、行笃敬，确乎是说到哪里做到哪里，既不避劳，又不避怨，能与士卒同甘共苦。每逢作战，总是身先士卒，绝没有一点敷衍塞责的情况，可以说是一位爱民爱国的军官。若是平素不得民心，他怎么会回到家乡马上带起几千人来，同他一起去拼命呢？这不要说就明白了。我永远记着孟昭进和魏凤楼，他们这种志士仁人的做法，才是真正自己看得起自己的英雄豪杰。

我走到郾城县，就接着报告说，有朋友挂了一辆车到了汉口，一个星期还没有找到一间旅馆，那是因为下游来的人太多了，使武汉三镇没有闲房子。我听见这样说真着急，赶紧打一个电报给汉口的一个朋友沈文卿先生，请他给我找房子，我又马上派了副官去接洽。隔了一天，电报回来了，说给我预备了一个大院子，里头有七座大楼，请我去住，当然我很高兴了。

我在郑州的时候，到碧沙岗为烈士祠后的坟添了一回土，在祠堂周围看了一遍。祠堂里有许多金制册子，上面登着历年阵亡的好弟兄们的名字，墙上挂有瓷屏，还有银盾、旗子、横匾等等。我将这些一起装进箱子，装在火车上，载到汉口来了。

这个三民主义烈士祠，是一九二八年（民国十七年）花了二十万块钱修盖的。有人说不坚固，还有许多不妥当，我说盖起来总比不盖好。历年阵亡的弟兄们的坟，都由各地迁到这个地方来，托靠一位叫葛心田的看管。总算好，快十年了，还是那样。若能长久保持下去，这真是一件很有意义的事情。

我到了信阳州，为了看看这里的地形，就住在一个信义会学校里。第二天一早看见学生们正上学，几十分钟一堂课，下课后就看见大学生打小学生，强壮的学生打弱小的学生，没有人管，也没有人问。我想这个坑人的教育，实在太坏，为什么先生们不出来看看呢？假如说有一位肯管事的先生站在那里看看，也不至于有这么坏的情形。孩子们被打得鬼哭狼嚎，无论是谁也看不下去，可是他们习以为常，满不在意，这就是那个中学里头附属的一个小学的实在情形。

根本来说，教育是这样松懈不认真，这是毁害人家的子弟，并且也毁害了民族。今天的小弟弟、小妹妹都是将来的主人翁，从小的时候就是这样，长大了怎么能好呢？我细想这个原因，全部由于有些人不配做先生。这种制度若不真正改革，那管保是越来越糟糕。从小就是乱打乱闹，连偷带拿，谁也不管，这种恶习惯久了再想改掉，就很不容易了。

我到了武汉，就过江住在黄土坡，在循道会的福音堂里头，院里的几座大楼又坚固又好，楼上楼下的廊檐有一丈二尺宽。这是英国式的房子，他们讲究大的廊檐，人们住着很舒服，楼梯又宽又缓，上下的时候，走路方便，不费力气。院子里有许多树木，人行道的两边有白的、红的各色花草，非常美丽。这里住着就有一桩坏处，房子旁边是很大的无线电台，是敌人飞机轰炸的最好目标。

我在院里找葛营长效先，用二寸直径的木头，一根挨一根地钉了一个框子，八十生地宽，一面六尺拐一个弯，横面是一丈二，高六尺，就这样埋在土里，做成防空洞。有一天，敌人来了十二架飞机，就在洞的周围轰炸，炸死了好多人，房子也炸坏了两幢。我在这个防空洞里，就觉着这个洞向前一歪，向后一歪。有朱牧师的一个亲戚，是个老太婆，唉呀的一声就晕过去了，飞机走了之后，过了好久才醒过来。

在武昌，敌人的飞机轰炸得非常厉害。有些人躲在我住房后门外头，在树底下站着。飞机一轰炸，大的弹片向外纷飞，把人的脑袋炸掉了六七个，身子还靠着树站着呢！

又有一天，湖北省政府忽然着了火，把一幢新盖的房子烧光了。后来听说是电线走火了，这是多么危险啊！房子盖得好，电线用的是坏的，它会给你烧光了的，光注重房子不注重电线，也是了不得的事情。

马相伯老先生在武昌住。敌人轰炸得很厉害，老先生年纪大了，经不起这个轰炸，我就劝他离开武昌。他说很好。我问他：喜欢上哪儿去呢？要看风景，就到四川；要为人和呢，还是到广西，请他老先生自己决定。他决定到广西，我就同李（指李宗仁）、白（指白崇禧）两位先生商量，他们说欢迎极了，在火车上，由我负责任；一下火车，连房子带吃的等等事情，都由他们负责任。我说好极了。老先生就这样平平安安到了桂林。

若拿马老先生到桂林来说，什么他都不操心，都给他预备好了。以我到武昌来说，人家找不着房子，我就有七座大楼来住。这是什么缘故呢？完全是朋友的关系，有朋友什么事情都好办，没有朋友，你有钱也不成。先圣先贤，把朋友列到五伦之一，实在是有道理在里头。平时多交好朋友，有事方能相助，若是临时抱佛脚，那是万万不成！

这个时候，蒋先生在一所靠洞门的房子里住。我和孔庸之先生去看他。孔先生从腰里掏个电报出来，说王克敏到了北平，就了日本人委任他的什么职务。蒋先生说：

“不会的，不会的！”

孔庸之说：“这个人靠不住。”

蒋先生说：“靠得住，这个人绝不会。”

我在旁边听了，觉得蒋先生是“君子可欺”，他是被蒙骗了。在前十年，或者说前十五年，我就知道王克敏自私自利，是个坏小子，只要对他个人有好处，什么坏事他都做得出来。

我记得林主席（指林森）离开南京的那天晚上，是开国防最高会议，蒋先生主持，林主席站起来向大家说：

“现在九点钟了，我要上船去，趁着深夜好一点儿。”

他那脸上是满面的愁容，比什么都难过的样子。接着又有一位起来，撒着双手，也是很难过的样子说道：

“他们要抗日嘛！”接着又连说了两声，“他们要抗日嘛！他们要抗日嘛！把大局弄成这个样子，有什么办法呢？”

看他那脸上青一块红一块，那真是“如丧考妣”的样子。到了今天，想到那时候的事，可以说一句，真是危险万分了。

陕西水利专家李仪祉先生死了，临死的时候他嘱咐要用耶稣教的礼节殡葬。这一句话引起于右任先生还有别的好朋友的热心，要特别研究耶稣教到底怎么回事。有一位王子元先生对我说这件事，我就买了两本金字皮面的大本《圣经》送给于右任先生和李协和先生。另外又有一位张祖绅先生和杨文卿先生，我们大家组织了一个查经班，很有意思。

李协和先生从江西武宁来到武昌，他去见蒋先生，说有很重要的话要对他说，就恐怕他不听。蒋先生说：

“我一定听。”

协和先生站起来就走，说：“我不说了。”就是这样的一连三次。

蒋先生不让他走，请他说，他说了四件事情：

“第一，要抗日到底，不论怎么困难，必须苦争到底，就是失败，也是成功。第二，既然抗战到底，就应把亲日派、投降派驱逐出去，不应让他们盘踞在你的左右。第三，你应当坐飞机到莫斯科，同斯大林仔细商量商量共同抗日的办法。第四，要精诚团结，各党各派联合起来共同抗日，不应当再分彼此。”

蒋先生对他这番话很以为然。协和回到我住的地方，马上又把上面谈的四项写了一封亲笔信，上头还画了许多圈，给蒋先生送去了。看协和先生谋国之忠、对友之诚，可以说是“言人之所不敢言，道人之所不敢道”，真不愧为大丈夫、大英雄！

有一天，我到东湖疗养院去看李德邻先生。那医院很大，就在东湖边上。那里的院长是个美国人，中国姓姓米，大家都叫他米大夫，治病非常好。这个医院里是吃素，这是一件很特别的事。德邻先生住了没有几天就好了。李任潮先生也住了几天医院，我也看过他。后来我在东湖边上刘菊村（即刘骥）先生的家里住着，因为那个地方蚊子太多，我被蚊子咬了，得了恶性疟疾，烧起来热度就不退。蔡善德大夫跟着我，连看了几天，他说非得入院不可，我也就到东湖疗养院去，找米大夫给我看病。他先抽出血来验，确实是恶性疟疾。不大的工夫，就在臂部打了一针。这一针下去，果然就好多了。隔了一天，又打了一针，两针就把病完全治好了。

在我病得厉害的时候，蒋先生去看我。当时武昌城被轰炸刚完了，米大夫自己开着车，在炸坏了的一个破房子里头挖出来一个女人、一个小孩，用车载到医院里来。我对蒋先生说：

“你看外国人多有自我牺牲的精神哪！人家才是真正的基督徒！你看看我们中国人，你再看看我们基督徒，我们都是假基督徒啊！这样我们何以对总理？何以对国民？”

蒋先生说：“咱们要做真基督徒，咱们要携起手来做真基督徒，救我们的国家，救我们的同胞，救世界人类！”

六合村附近有一个卓刀泉，据说是关夫子（指关羽）拿刀在那里一戳就成了的一个泉。这种迷信话是不足为凭的。这附近许多人家都用白布包着头，愁眉苦脸，好像人人都在那里发疟疾，唉声叹气没有一点儿高兴的样子。我想：非用政府的力量大灭蚊虫，就不能解除人民的痛苦。这件事情并不难办，若不是政府的力量，只靠着穷苦百姓自己挣扎，可以说永远不会把蚊虫灭尽。

有一天蒋先生请李任潮、李德邻和我三个人吃饭，有林文蔚陪着。菜并不多，其中有一盘肉。蒋先生说：

“我们的兵每一个星期要吃一回肉，是很要紧的事。”我林先生记下来，告诉各军队照办。

看见有一块肉上带着毛，蒋先生说："肉上带着毛，士兵们吃了一定要生病的，请林先生记下来，要告诉各军队，毛要拔净，拔不净要拿火筷子烫。"

在碗里头捡出一块姜来，蒋先生说："姜这个东西可以杀菌，炖肉的时候，是不可少的。"也要林先生记下来，告诉各官长照办。

以上这三件事，可见蒋先生对于士兵的生活多么关心。不过下边一级一级的官长，有的关心，有的不关心，结果就大不同了。因此，我想起宣传部的重要。宣传工作，一个是有事实，一个是无事实，无事实的宣传那是说空话。前方打仗，后方的大元帅每一吃饭，每一动筷子，就想到士兵，这实在应当宣传到每一个士兵那里去。而且，这是实际的，更应该宣传出去。可惜没有这样做，你看痛心不痛心?

苏联潘友新大使来到武汉，我跟他谈了几次话。他诚心诚意地要帮助我们作战，要什么家伙给什么家伙。说好八九成的时候，我就请蒋先生跟他接头，不必经我的手。几个月后听说这位大使回到苏联，坐汽车由山上一下子撞到山下去，连开车的和大使夫人一齐都摔死了（讹传潘友新遇车祸身亡），这是多么可惜的事!

在武汉的时候，李任潮先生住在银行公会，我有时候也住在那里。任潮先生时时刻刻地打算怎么样增加战斗的力量。他对于朋友对于国家，万分热诚。他在大陆当过多年教授，又带了多年的兵，对于国家，他真是一个最理想的参谋长。可是，后来却只给任命为党政委员会的主任委员。说起来这"主任"两个字的制度，太不妥当。为什么有这样的名称?军队里有班长管十三个人，这是谁都知道的，可是"班主任"可以管五千人、六千人，这怎么讲呢?我觉得这就是一个制度的错误。又如同"侍从室"三个字一样，侍者立也，从者随也，那就是说这屋里头都是在旁边站立着跟从人家走路的。活着好看不好看、好听不好听，不必说了；若是死了，他的子孙出个讣文，还得要说他的祖宗跟着人家站着、跟着人家在后头走着，这露脸不露脸，体面不体面？替人家想一想，就知道这是顶不妥当的名词。

汉口有个朋友叫黄文植，我在武穴驻兵的时候，他当会长，到常德，帮他忙运些东西到下面卖，很赚了点钱，日久就成了朋友，无话不谈。他办一个纱厂在武昌，因为他那里有一个澡盆，我找不着很干净的地方洗澡，就找到他那里，是个很好的地方。有一天，天刚要黑，我到了他们纱厂的大门口，看见一个老头抱着挺小的小孩，风刮得很大，孩子哭着。我问是做什么的，他说：

“孩子的妈妈在工厂里做工，抱着孩子来等着吃奶的。”

看了这种情形，我真是痛苦到万分，对黄先生说：

“你可不可以在这门口盖三间房，摆上些个座位，烧点米汤，给这些老头喝，也省得使这些老头这样难过。”

05

鄂豫视察

我奉命察看鄂东至江西沿江两岸的阵地和河南各地的阵地。我先到鄂东田家镇、武穴等地。在田家镇的时候，看见海军兵舰上的炮卸下来放到山顶上，一个一个都是这样。我问海军的官长：

“谁叫你们这样选择阵地的？”

他们说：“是德国顾问团几位高等顾问指示的。”

我问：“你们的炮能打多远？”

他说：“五千米。”

我说：“日本海军的炮能打多远？”

他说：“打七千米或八千米。”

我说：“你们这样不是白白送命吗？只许他打你，不许你打他，为什么这样选择阵地呢？”我马上在地上给他画了个图，“你在这山头旁边，劈一块下来，把炮放在新劈的这个地方，看准了前头四千八百米或者是四千五百米的地方，敌人一到这个地方，你就可以开炮打他，若是在四千八百米以外，他看不见你他没法子打你，这样的阵地，才是好阵地。”

他们说：“这都是用洋灰铁筋做的，怎么办呢？”

我说：“你照着我那个样子改，你们就活命；不照着我那个样子改，就送命，改不改由你们。”

听德国顾问的话，完全是上当。德、意、日同盟，侵略世界，他怎么会有好心对待我们呢？他出的方法都是坑害我们，都是使我们打败仗的。我不懂得，为什么到了今天还要用他们当顾问！是不是自己找不着死路了，非他们不能送我们到死路上去！

我到了武穴一带野外山上看了一遍，阵地做得太差，一点儿都不坚固。最大的毛病是工作器具太差了。应当是钢制铁锹，现在发的铁锹是煤铺里用的那种铁片的，三戳两戳就断掉了，外表看着怪不错，用起来一点儿都不成。

我到了九江东里，看下边堵塞的长江，用了许多木筏，还沉了些船。我看那真是儿戏，那对于敌人的兵舰，一点儿用也没有。我在一个山顶上，同这些参谋、副官还有别的朋友吃野餐。因为我奉命出差，无论是带文的或者武的，首先告诉他们说，不许喝人家的茶，不许吃人家的东西，不许借人家的钱，不许受人家的礼物。自己带的有厨子，无论上山或者涉水，自己把饭担着，不过若是干饭也就不成，全是馍馍烙饼，煮些鸡蛋、肉，再有点儿咸菜就行了。我在这里看完之后，又到鄂省的东北去看。先到黄陂，看见作“云淡风轻近午天”那一首诗的那个地方和过那个川的情形。可怜，许多载重汽车在那里来回过，纪律很坏。用木船摆来摆去，非常慢。当然，开汽车的先生们等得不耐烦，骂的骂，吵的吵，并没有一个人在那里经管，真是不应该的。我每逢看到这类事情，就马上打电报呈蒋先生，希望他饬令赶快改善。

在这里看县志，有花木兰的故事。在唐朝的时候，国家征兵去打仗，花木兰的父亲应当去，她就替了她父亲去。一个女孩子扮成男的，去了十几年，打了胜仗回来了，唐朝的皇帝要封她的官，她不愿意，她愿意回家侍奉她的父母。她的故里就在黄陂县城正北的一个高山底下，山上有个大庙，每年春天，周围的百姓，有的从三四百里以外来烧香礼拜，很是热闹。迷信的说法，说木兰女的这个庙非常灵验，求什么准什么。因为这缘故，烧香的就很多，当然这都是多年的神话了。我觉得，在抵抗日本鬼子侵略我们的时候，把这个木兰女的故事说给大家听，妇女们应当起来，效法木兰女执戈卫国，男子们听了也知道自己惭愧。假如每一县里都有这样一个木兰女的庙，说起抗战救国来，不必费什么事就成了。可惜，这种庙太少了。假如，国家为了使男女同胞们都知道爱国起见，每一县的县城当中，或者盖一个庙，或者是立一个铜像或石像，把这件事实用大字写在下边，那样不但是男子都起来了，女子也一定起来，这个国家还有不强的吗？把那些神话去掉，把事实简明地写出来，人人一看都懂，这是多么有力的宣传呢！

再往前走就到麻城。这里出一种羽扇，是用各种飞禽的羽毛做成的扇子，有粗有细，有的很美观。羽扇是我早就看见过的，但是不知道是哪里生产出来的。这个地方生产的很多很多，并且很美观，真有诸葛亮拿的那样扇子。我买了许多把，一个是为送给一些老朋友，还有一些是预备送给抗战出力的将士们。

在这个地方有个教会，因为我没地方住，有个朋友给我借好了教会的房子，就住在那里。外国牧师热情招待，记得他做的有枇杷汤，吃起来觉得很好。向来看见吃枇杷的都是生着吃，很少见煮熟了吃的，哪晓得煮熟了，把皮去了，核去了，放上糖，很好吃，那还是很有营养的东西。《大公报》上专门写过一篇文章，说是年前开花，年后结果，当中有很长的时间，别的果子没有这样。也许将来我们研究食品的人，把这种东西做成罐头，到作战的时候，送给将士们吃，一定是很有意思的，我在吃的时候这样想。

后来到了黄山岗，在这个地方见到王修身师长。抗战以来，他带着他这一师的官兵，为国家出力很大，日本鬼子被他这一师打死的很多，他们真够得上是自我牺牲的忠勇将士。我们在阵地边上谈了话，又照了相。这个地方的阵地太难做了，因为水太多。王修身是跟我当过兵的，他来的时候不过十六岁，好读书，体操又好，穷家孩子出身，凡事都能吃苦耐劳，人人都看得起他，这一次在这里遇见。跟我去的陈天秩是他的同学，我怕他应酬，预先告诉说：

“讲交情讲朋友都可，不许预备吃的，若一骚扰人，那就把好意思弄没有了。”

大家都了解我的意思，所以没有叫他花什么钱。

转回来到了鸡公山。这个地方光听说过，没有来过，看了看很好。看见朱浩然牧师，他是信阳州的牧师，他们正联合许多的教友，预备打游击。有一位老朋友，我一时想不起他的名字来，他住在山底下汽车路边上，叫个什么白莲村。这个人真诚极了，他带着一两千爱国青年，准备和日本鬼子拼死命。过了一年多，后来听说他就为跟日本人打仗打死了。

我看着附近汽车路以东和汽车路以西的阵地，多半净是石头，有的一半石头，做工的人非常困难。有几部分找了些石匠帮忙，做的还好，没有石匠做的阵地，可真是不能用。有几处尽从山顶上走，也有几处尽在山沟里钻，这些地方若是有机器的话，把阵地做好，那简直是一夫当关万夫莫开。有的地方有些死角，我对他们说：

“都把它铲了去。”

到了信阳州城外边，这里有用洋灰铁筋做的一些堡垒，坚固是很坚固，只是交通壕太坏。有的交通壕里没有流水沟，或者没有流水孔，一下起雨来就灌满了，这是一件很不妥当的事。因为水灌满了一泡，沟垒就塌陷了，这多么可惜呀！对于流水沟孔没有弄好的事，我觉得有许多人在书本上很用功，实际做起来就有些不妥。水若进来三尺深，一泡就把工事泡塌了。我认为以后官长应学土木工程学才好。

到了信阳州跟前的一个二里沟，因为雨下得太大，车辆都不能走，只好住在这里。我住的地方是关了门的药铺。这个村庄真是穷得很，苦得很，家家户户都没有一点儿新的气象。最大的原因，就是旧而又旧，光是地皮上生产一点儿东西，许多人不知道改良，都在那里得过且过。房子是窄小简陋，泥巴墙，泥顶子。说起道路来，一下大雨就是二三尺深的烂泥，什么车也不能走，不但事情都耽误了，那些骡马受多大的罪！我住的这一家有一个男孩，十九岁，弯着腰，瘸着腿，我问他是什么缘故。这位房东张先生说：

“这个孩子两三岁的时候，在热天里，就在一个四尺长、二尺宽的大板凳上，冲着前门后门的过堂风睡着了。两个钟头以后，这孩子醒来就哭，他动不得了，胳膊腿弯着，不能伸开。请了许多人看，吃了多少药，花了很多钱，到底还是没有治好，就成了这个样子。”言谈之下，他是很难过的。

我觉得受风着凉的事，恐怕社会上还有许多人不懂得。到了热天的时候，谁都喜欢凉快，可是凉快太过了，一定要得大病。这样的事情，应当在小学教科书上或是报纸上，时常宣传才好。不然的话，像这个青年，不能作为有用的人，反倒变成一个废物，这够多么伤心！

在这里看见刘汝明那一军的排尾车辆从这里过，他是要到泌阳去。这样深的烂泥，怎么能走？看那官兵和牛车受的罪真是和地狱一样。我们的交通不发达，车辆不改革，一旦有事一定会坏的。再坏没有的就是牛车，一个车上装不了几百斤，啊呀！走得真是稳当极了，半会儿一步。常说的“铁打房梁磨绣针”，就是教育人要有耐性。我看不必用那个说法，简直就叫他赶这个牛车，什么性子都可以磨没有了。这只是说平时，一到了战时，那只有完全失败。有人说交通救国，我看这话一点儿都不错。因为交通办不好，不但浪费时间，运输也就很困难。好多人说，铁路在一个国家里，就同人身上的血脉一样，血脉不通，人不但得病，还要死亡，这是真的。我们尽是泥土路，人家一天运到的，我们一个月还运不到。人家一个人开火车就办成事了，若是一个车头挂四十辆车的话，一个车上装四十吨，一吨就是一千六百八十斤（当时的计量方法）。我们两个牛，一个人，拉不了四百斤，这样一比，差了多少倍呀！我们应当什么都不办，赶紧把交通办起来，这是万万分重要的事。

到了泌阳，在一个小山上看见集拢了很多的八九尺长、一尺多口径的好木头，一堆一堆地架在那里，都是预备挖沟垒用的。有负责的人指挥着他们，一段步兵沟，就有一段机关枪或是山炮的沟垒。有的外壕做得太浅，或是太坡，不能挡住坦克车和战车，我就随时随地给他们改正。

这一天午间两点钟，正在山坡上看阵地，忽然来了两位老先生，一人拿着一个篮子，篮子里头盛着几十条黄瓜，走上山坡来说：

“您是冯先生啊？您这几年跑哪里去了？可苦了我们啦！”

一面说着，一面哭起来了。我请他们坐在地上，跟他们谈了一大会儿话。他们的黄瓜是送给我的，我费了很大劲给了他们钱，吃了他们几根。

河南人是最纯良的，忠诚勇敢，勤劳朴实。一九一三年（民国二年），我在郾城县招兵，像田金凯、马式彬他们，都是那年招来的。一九一七年（民国六年）在归德府商丘县招兵，一九二二年（民国十一年）在河南当督军，一九二七年（民国十六年）在河南当政治分会主席，又是河南省政府主席。多少次都同河南人在一起，可以说我除了在保定府住的年头久，其次就是河南了。河南的父老兄弟们，知道我最深，我知道他们也最深。这两位老人家，他们见了我说的话，真是如同哥哥见了弟弟说的话一样，亲切极了！我被他们感动了，也不知不觉地落了几滴泪下来。安抚了他们一会儿，说明非抗日不能活，非抗日对不住自己的祖先，非抗日对不住自己的子子孙孙，并且把亡国奴还不如丧家犬的话对两位老先生讲了，说得他们摩拳擦掌、咬牙切齿。他们说道：

“哎呀！我们老了，不能跟您去，只能让我们的儿子、孙子、侄子、外甥跟您去，同日本鬼子拼命，为我们的国家来报仇雪耻。”

这天的晚上，我就住在附近的一个什么镇上的大庙里。这里叫过往的军队糟蹋得乱七八糟，好多人都被军队吓跑了，藏到山里头去了。第二天，他们听说我来了，街上不大的工夫就站满了人，都是来看我的。

这里也有教会，教友不很多，我就把信阳州组织游击队的事告诉他们，他们倒觉得很兴奋的。

第二天我到了赤水关，这里是很重要的地方。有一个学校，我说起抗日的事来，不但一些男青年要当兵去，还有些女孩子，十五六岁的都要去当兵，那位校长极端赞成。附近有个村庄叫冯庄，姓冯的多，也来了许多人，要跟着去当兵。我对他们说：

“我是来察看阵地的，不是来招兵的，你们跟我去，我有啥办法？”

大家说不成，一定要跟去，并且是非跟去不可。闹得没办法，我只好叫张公干参谋把他们带着去找张自忠将军。次日一早我们就走了，路上哩哩啦啦一二百位年轻孩子都跟来了。他们有一颗纯洁的心，要把他们的性命献给国家，他们这种自觉的精神，真是可佩服到万分！正走着的时候，一个年轻的女人拿着个小包袱赶了来，说是送她的丈夫从军。从军的人很喜欢，他的妻子也很高兴。这种爱国的热诚，叫谁看见都会感动得鼻子发酸。他们俩分手的时候，彼此拱拱手，笑了一笑，就一个向南、一个向北走了。

有一天，走到舞阳县的一个镇上，这里有个邮政局，邮政局的先生特别地招待了我，亲热极了。他把他的儿子、侄子、孙子、侄孙、外甥叫到我跟前交给我，叫跟我去当兵。还有几位乡下的老先生，也把他的儿子领了来。这一天，我在这镇上的一个戏台上跟他们讲话，到的人很多，也是说非抗日不可，要对得住祖先，要对得住子孙，只有拼命去抗日。说着说着台底下喊起来了，都愿意去。跟我去的人，看见这种事都觉得非常稀奇。怎么有这个事呢？有人告诉我说，离这里不远的一个镇上，那个村里有二十几个跟我当过排长，当营长的、当连长的也有好几个。百姓们都知道，跟着我不识字的可以识字了，不会写信的可以会写信，有许多在家里不守本分的，到军队里几年以后，变成很守规矩的人，并且是一个忠于国家、孝于父母的人。

这样一年一年地相传久了，他们都知道当兵可以救国家，并可以救自己，所以来得非常踊跃。我就叫张公干把他们都编起来，带到张自忠将军那里去。

一天，到了舞阳县，当时庞炳勋的队伍由前方撤到这里。他的人员损失很大，在这里招了两个星期的兵，只招到了几个人。我知道了这个情形，就在舞阳城里发动了一个军民联欢大会。那天讲话的时候，到的有一两万老百姓。我事先预备了许多板凳，让老先生们和老太太们都坐在板凳上，然后再讲。这次话讲完了，一个星期庞炳勋就补充了八千多人。他们都觉得这特别的怪哪！怎么前两个星期才招了几个人，这一个星期就这么踊跃呢？实在说，一个是人不说不知，木不钻不透，你不跟他说，他怎么晓得呢？还有一个那就是历史的关系，人的关系，人与人不同就在这一点。后来庞炳勋在武昌看见了我，说了许多千谢万谢的话。他自己知道，我在察哈尔抗日的时候，他受了别人的怂恿，要到察哈尔去当主席，要领着头去打我，他的旅长陈春荣反对他，领着许多官长对他说：

“你要去打冯先生啊？你去打可以，我们不去！”

他气恼了，打了陈春荣两个耳光，并且把陈春荣免了职，他这队伍也去不成了。是有这么一段经过的。他以为我一定是很恨他，想不到在舞阳县我帮了他这么大的忙。真的，多少年来我是不知道恨人的，我总觉得对不住他人，没有觉得谁对不住我的。

在这里跟他们营长以上的官长和地方绅士在一块儿吃了一顿抗日饭。怎么叫抗日饭呢？就是一饭一菜一粥，菜就是猪肉熬白菜一大碗，饭就是蒸馍馍，粥呢？熬红豆稀饭。一面吃着一面说着，自从徐州方面退下来，这也算是得到了一点儿温暖。

从舞阳到叶县。这里的县长拿获了敌人的几个侦探。我看见了一个女的，一个男的，两个都穿的是很破烂的衣服，看上去就像个讨饭的，可是都不会说中国话。他们装傻装哑巴，女的样子约有三十岁，男的有个十八九岁。那个男的见了我，听说我是冯某人，他跟个小狼一样，从脚上就使起劲来，一直到腿上，到小肚子上，到胸脯子上，尔后把眼一瞪，发出了很强的光。不论问他什么，都是笑一笑。看他那样子，主要还是侦察地形、道路和各地兵力等等的事情。日本人的这种坏主意是很有研究的。

我在叶县周围看一看，觉得各处的空地闲地实在多，要同四川比是差远了。四川的坡坡上、地埂子上，都种着胡豆、豌豆或是别的东西，既整齐又美观。若是河南都能把这些闲地和四川一样种上东西的话，那每年收成不能增加三成，也能增加一成。

从叶县到宝丰。这是常出英雄豪杰的地方。汉光武时代的一员大将死在这里，城里有他的坟墓，我还到坟墓那里瞻拜了瞻拜。我把这一县的志书找来看，知道光武中元的时候，这一带出的人物不少。

从宝丰到临汝。这里有一种“汝帖”，种类很多，非常整齐，在别的地方很不容易看见。以前有个县长，他把很好的帖收集起来复刻在石头上，有几十套，这对于发展文化很有好处。

我以为应当把许多好东西，如《礼运》（即《礼记》篇）及世界上的好文字，都刻出来，这对于发展文化是个很大的贡献。

像陵园旁的三民主义石刻，就是我由河南浚县运来的石头刻的字，我开了一个头，后来林主席给完成的。我觉得若是把三民主义写成真、草、隶、篆，刻在石头上，人们可以学习写字，也可以传播主义。看什么“多宝塔”（即多宝塔感应碑）“多心经”（即“般若波罗密多心经”）等东西，都是宣传佛教的，那么三民主义的信徒，不应当有一种新的办法吗？

从临汝到禹县之间有一道干河，水不多，河身太浅了。人们说，一发起水来就出槽，水一出槽就把人民的地给淹了。这真应当用一种最新的机器把这个河身重新挖得深深的、宽宽的，叫它发水的时候不至于淹了老百姓的地，这样生产就一定会增加。在汽车路两旁，一棵树也没有，假如每边栽上十行树，日子久了不但木材可以用，而且也调节了空气。最可惜的是没有人办。为什么没人办呢？我细细地看，中国的官只坐在屋里等事干，外国朋友，他是跑出去到实地里去看，他是找事干，这当然结果就大不同了。我一县一县地看，凡是县官好往外跑的，那个地方就好一点儿，凡是一天天坐在衙门里不出城的，情形就坏得多。

我在这几县，到了乡镇上，好多次都是住在药铺里，因为乡间差不多都有个中药铺。有的那个药橱子，三五十年也没打扫一次，尘土真多！一个抽屉一个抽屉打开看看，那些药恐怕二三十年的陈货都有。这样看来，不要说那个先生不好，就说药方开好了，那药都陈旧了，是过了时的，吃下去还能有效吗？还有，我住的这药铺已经算是最好的一个铺子了，可是极端矮小，屋里被烟熏得乌黑，一到屋里就闻到那个叶子烟味，好像在烟袋里坐着一样，熏得你头痛眼眩。北方的乡村，真是可怜。这也许是几十年来政治不上轨道、农村经济破产的缘故。禹县就是小禹州，是河南一个药材荟萃的地方，每年各省的人都到这里来买卖药材。近些年来，西药发达，这个地方的药材也受了点影响。不过拿人数作比例，穷苦同胞们总还是吃中药的多。若真是科学发达，将来中医中药跟西医西药能合而为一那就好了。若是药都吃外国的，自己不注重科学，那就更穷无所归了。

从禹县出来到郏县。这个地方有一位赵凤林同志来见我，我对他说：

“一个是对地方上的父老要谦恭，要帮忙；一个是要预备地方打游击，抗日保家乡；再就是要抚缉流亡，对伤兵伤官要送茶送水送饭，对逃难来的要招待安顿。”

“我一定这么办。”他说，显得很高兴的样子。

我还拿了名片问候他的老人。他当过师长，以前跟我当过兵，在地方上办了许多公益的事情，本地的老百姓都说他为人不错。我住在一个学校里，听见一位先生说，在这附近各县住着很多河北省保定府一带的难民。本地的人民对于他们，有的是分开到各人家里住，管他们饭吃，也有的是分住在几个大庙里，或者公共的地方，本地人给他们送米送面送柴草。当然这个办法不能持久，但是，这种不分彼此、隆情厚意、爱人如己的精神，除了河南，别的地方我还没看见过呢！

再走到襄城。苗中秀同志在那里住，他种地又做买卖，还办了一个很好的中学。他是我一九一三年（民国二年）招的兵，因为很努力读书，在桑梓很努力做与人民地方有利益的事情；由于尽说实话，也得罪了一回地方官，被押起来。自那一次出来之后，他知道锅是铁打的，对谁都变得谦和了。沿路上经过各县各镇，我都集合父老兄弟们讲话，主要是宣传抗战，有时候一天讲三次，至少也讲一次，每一次都是一两个钟头。有许多老百姓听了我的讲话，大受感动。每逢讲话的时候，第一件事是搬些座位给老先生、老太太们坐；第二件事就是预备一棵五六尺长的丫杈在那里，放上一个小草帽，草帽里搁点草，搁几个鸡蛋，以此为标本。讲人家砍你的树，你不管，只知道保护你的窝和蛋，可知道树一倒了，窝也完了，蛋也完了。这样说法惊心触目，人人容易懂，人人容易明白。我又把“战阵无勇非孝也”一句话，很通俗地解释给他们听，我觉得他们很能了解这话的深意。

想不到这里有个门洞，车夫老海开着我的汽车穿过，撞在中间的一块圆石头上，碰破了油箱，汽油哗啦哗啦地往外流。先用脸盆接着，后来找了焊匠，费了好几个钟头的时间才能开车。这些门洞和这些路，本不是为走汽车预备的，硬要走汽车，一定少不了麻烦。我们要有远大的眼光，最要紧的是合乎最新的潮流，处处以最新的工具为对象作标准，那自然就好了。不然的话，凡是旧的东西都好，全都在那里保存着，拿几件新东西来使用，那是没法配合起来的。我见这个石头把我的汽车油箱碰破，我就想到几百年、几千年都不改变的这个老古董摆在那里，跟今天这个最新的东西碰在一起，一定要出乱子。我们书上不是有“苟日新，日日新，又日新”“周虽旧邦，其命维新”的话吗？可是细想一想，行的实是苟日旧，日日旧，周虽旧邦，其命维旧，而且是旧而又旧。

这块石头谁都以为应该打掉，可是谁也不敢打，是怕破了“风水”。今天中国各地像这样的大石头不知有多少，应当毫不留情地打掉！

从这里到许昌，知道张自忠将军的队伍是从徐州、陈州这一路退下来的。开始退却的时候，他率部作后卫，他自己又在部队的最后，把汽车让给伤兵坐，把他自己的马让给伤兵骑，他自己手里拿着个小棍，在一切官兵的最后边走。敌人追来了，他不慌不忙地布置。他有必死的决心，所以他什么危险都不害怕。我在这里看见他的部队，有的还没到齐。

06

回到武汉

蒋先生有电报来，找我回武汉，我就开车回汉口了。这一次出去，几十天的光景，我把在阵地里所看到的，在民间所看到的，各种各样的事情，写了一个详细的报告，送给蒋委员长。这个时候，汪精卫还是党国的第一等的要人呢！他看见我回来，真是两眼分外红。他已在用种种方法破坏抗战。有一天，在政治会议上，他又在那里害了恐日病了，谁一说抗日到底，他就把脸一沉，把嘴一噘，抬起杠来。我看见他跟白健生先生抬过杠，他也跟我抬过杠。看他那个情形，他正在找机会，想各种的方法，做卖国贼呢！

这个时候，河北省完全沦陷，政府已经迁到了郑州，接着又到洛阳。我跟蒋先生说：

"河北要派一员大将去，予以专权、专责，管保有个样子。"

结果蒋先生就定下了叫鹿钟麟去。这个事情本来很难办，鹿钟麟不愿意去，怕办不好，对不住国家。我对鹿说：

"先贤有'受命于败军之际，奉命于危难之间'的话，今天我们的国家，是不是败军之际？是不是危难之间？是的！我觉得你不应该推辞，不应该畏难苟安。"

后来他毅然就任了冀察战区总司令的职。走的时候，把关防包到小包袱里背着，到了洛阳，后来就过了黄河。他真有急公好义、奋不顾身的精神。到了河北省，就收了三四十万游击队，都是不愿做亡国奴的忠勇将士。不久，日本人知道了，就在河北省跟鹿瑞伯打起来了。他率领大家血战好多次，几乎丧了性命，好多次几乎被俘虏。我们一个兵只发六块钱，实在说，六块钱买咸菜还不够，那怎么叫他打仗呢？今天要检讨这件事,实在应当有一个负责任的人，那才好。若那时候能拨点正式的队伍给鹿瑞伯带去，或者是能拨给他两三千万现款，冀察绝不会变成那个样子。若我们不检讨呢，永远是马马虎虎地过下去，那还有什么说的。若不愿意醉生梦死地过，那就不能不检讨检讨以往的错误，尤其是冀察的事情弄到今天这样子，是谁造成的，应当仔细追究追究，找出一个谁应负责任的出来才对。后来饿了冻了，鹿瑞伯不能在河北呆了，回到重庆。二年多的光景，共计用了六百多万块钱，还不给他批准报销，急得鹿先生没办法。有一天在国防会上，我说：

“为什么鹿先生的报销不给他报呢？就是有毛病也应当告诉他，拖着搁着总不是事。”

何敬之说：“六百多万块钱，只要他有点儿草底子单据也给他报销了。”

我说：“鹿瑞伯之去河北，是用小包袱背着个关防去的，收了几十万的游击队，打了几年的仗，几次没有把性命丧掉。他真算厉害，什么都丢光了，还有什么草底带着呢？简直地说，你要枪决他，把他枪决就完了，不必拐搭着玩。”

过了几天，委员长把他的报销批了，并且格外批了五万块钱，说是送给鹿先生，叫他解散他那随从的。想不到有个某参谋长，说是这五万块钱不必送了，留在部里买双鞋穿吧、买杯茶喝吧。于是干没了，不发，这真是一件骇人听闻的事。那时的五万块钱，合现在两万万五千万。鹿先生是从军法总监派出去做冀察总司令的，如今回来了，当然还是国家大员，可是竟有人敢干没他！这样的大胆贪污，不法到这种程度，真是让人痛心万分的事！国家大员尚且受此侵凌，那些小官们怎么得了？百姓们怎么得活！别人说，我们还可以不信，这是每天见面的人，都遇见这种敲诈，这完全是蒙蔽欺骗，这该当谁负责任呢？

我这一次从湖北的东边到东北，由东北又到西北，从河南的南部到西部，由西部又到中部。一两个月的光景，每天讲两三次话，每次都是两三个钟头，时间用得太多。每次都是对着一两万人，叫喊得太厉害，我的血压是一百二十，回来的时候就到一百六十左右。

主要的意思，总是讲抗战非成功不可，总是讲战阵无勇非孝也，特别提出来的是男女老少能从军的都要去从军。所看见的事就是老百姓太痛苦了，相连的就是农村的教育太不发达了，其次就是士兵的生活真是困苦万分。老百姓不管军人的事，后方不管前方的事，都是两张脸皮。所谓党的活动，更看不见一点儿。每到一个地方，都看见人们交头接耳，不敢说真话。为什么这个样子？就是特务太多，造假报告的人太多。以上这些痛苦和不妥当的地方，若不改革，一定造成人民和政府对立，那可就不得了。

徐州一撤退，战局更紧急了。武汉的情形是什么样子呢？有一天，蒋先生问我说：

“徐州撤退的时候，张自忠带的队伍在后卫，并且张自忠自己在队伍的最后头，这话是真是假？”

我说：“一点儿不假，他的汽车装了伤兵前头走，他的马匹都让给病员骑着，他自己走起了满脚的泡，他从从容容地在后面押着大队，连一个落队的都不准有。有一次他集合官兵讲话，勉励他们要咬牙苦撑。他把自己的鞋袜子脱下来，叫士兵们看，满脚上都是大泡。他咬紧了牙，用很大的力量往地下一跺，噗嗤的一声，脚底板子立刻冒出血来了。这一来，官兵们再走路，无不精神百倍，不再歪歪倒倒，都能咬紧牙关、挺胸腆肚地走起来了。”

我又说：“刘汝明的队伍在张家口附近同日本鬼子打仗，伤亡很重。”

蒋先生说：“我听说刘汝明没有打仗，哪有什么伤亡呢？”

我说：“这是谣言。有一位李心田旅长就受了重伤的；有一位叫刘田的团长，湖南人，阵亡了；还有一个叫张振武的河南人，也是很好的团长，也阵亡了。其余一二十位团、营长，都是精明干练，受伤的受伤，阵亡的阵亡，人人都知道的。他这一部分队伍，对敌做殊死战，怎么会有人说他没有打仗呢？我知道刘汝明平日不好说话，也不好应酬，一定是得罪了人。”

蒋先生听了我的话，很以为然。

快开党全大会了。每天在汉口有中央委员谈话会，说长说短都有。一天谈话会的题目是“民主运动”。有一位李同志，河南人，他说：“我们还是用我们国民党的老办法，就是包而不办。我们不办，也不许别人办，谁办就打谁。”说得洋洋得意。

接着有一位贵州的刘同志说：“我们还是用打狗棒主义好。关于民众运动我们定他多少条、多少款，叫他左挂号、右立案，再审查，总是说他不合格，从一个星期推到两个星期，从两个星期推到一个月，慢慢地就推过去了。我们这章程、规则、条例，就叫打狗棒，若把这个不要了，那狗都上来了，那还得了！”

这两位先生说完了话，没有人哼。只有邵力子先生站起来说：“我本不预备讲话的，我在哪里也不愿意多说话，今天听到两位同志说的话太不成话了，我不能不说几句。一位说包而不办，我问你，国民党在哪一条上说着包而不办呢？这简直是污辱国民党，不应当这样说话。有一位同志说是打狗棒主义，民众都是狗子吗？我们家里老的少的、亲戚朋友都是民众，怎么把民众当狗呢？”

邵先生的声音越说越大，正言厉色地教训了他们两人一大顿。我心里很痛快，觉得国民党里真是有人。哪晓得，过了还没有一个星期，就开大会了。这一开会，就把邵先生的宣传部长给撤掉了。从那时候起，我就认识了暗无天日的景况，可是我对于邵力子先生就格外地敬佩。我知道他是正人君子，不屈不挠，见得到，说得出。

这一次开大会，是在珞珈山武汉大学里头。那屋子太小，人太多，空气不好，为时又太久，因此我就闹嗓子痛。从西药铺买一种丸子药吃，吃了三四天都不见效。后来邓鉴三先生告诉我，六神丸对于喉病最有特效，我赶紧买来吃。一次十丸，吃了两次，仍不见效。我问邓先生何故。他问是不是化开吃的，我说没有。拿出仿单来一看，上面说着，必须化开吃，否则没效验。我马上按照所说的把丸子化开，吃了一副。不到两个钟头，果然觉得好了三分之二；又吃了一副，就完全好了。可见中国药真有好的。

珞珈山办了一个中央训练团，是万耀煌、王东原负责主办，找我去讲话，讲的题目是“什么是你的成功”，一次两个钟头，两次讲完。意思是说中华民国的成功就是你的成功，蒋先生的成功就是国家的成功。我举了许多例子，讲了一些故事，讲得听众前仰后合，欢天喜地。大约这种情形，后来万耀煌、王东原报告了委员长。有一天蒋先生见我说：

“你可以常到中训团去讲讲话。”

可见他们两位是说真话的。有些人就不同，戴着有色眼镜，尽报告假话。万、王二位见到什么说什么，我看是真诚拥护蒋先生的人。现在他们一位是湖南省主席，一位是湖北省主席，可见主席认人的真切。这两个人表里如一，文武全才，毕恭毕敬，纯洁真诚，是难得的人才。

有一次，蒋先生在那个地方讲了三个钟头的话。在时局紧张的阶段，费了这样多的时间讲话，真是太劳苦了。我把这件事对于右任先生说了，于先生说：

“他不是讲话的人哪！他应该是用讲话人的人，他只要会任用人，就够了。”

我觉得右任先生这个话，正是合乎先贤所说的“居其所而众星拱之”的道理，非常的平正。

有一天赵老太太来了，她弄些手枪、子弹往前方送，我们也凑了几支枪给她，并且开了一个欢送会。看她是一位几十岁的老太太，不慌不忙，真是有能耐，敢作敢为，实在令人敬佩。

这时陶行知先生介绍一个旅行团，尽是十三四岁的小孩，到处唱歌表演，谁一听见都是鼻子发酸要掉眼泪。有一天我在银行公会请他们来唱歌，大家听了感动极了。像这样的孩子多得很，怎么他们能训练这样好呢？后来他们到了重庆宣传抗战，没有一个人不感动。他们唱的歌没有一个白废的，都是宣传抗战的歌。

有一天武汉三镇开献金大会，黄土坡的朋友大家都把现洋献了，我与李德全结婚的戒指也献上了，小孩子们的现洋也献了，他们回来分外高兴，如释重负似的。

07

湘黔检阅

有一天蒋先生告诉我，说要找我到湘黔川三省去点验检阅后方的队伍。我欣然接受，收拾了一天，调来几个人，就由武昌上火车，预备先到长沙。这天晚上，到了十一点多，从武昌开车，我看见站上有汪精卫的两个人在那里，也看见车站上的人复杂得很，我就加了小心。开车以后，我对手枪营长彭国政说：

“天要一亮，找个小车站，就把车停住。车上的人们马上下车，离开铁路，总要在五百步以外。尽可能把吃的喝的带在身上，都预备好了。”

刚一天亮，就到了一个官塘驿小车站，我马上就催着大家快下车。有的人看着露水很大，一走把鞋袜子都蹚湿了，感到不方便。我说不管，只催着大家快下车，快快地走开。果然不到二十分钟，日本鬼子的飞机来了十八架。十二架在前头，六架在后头，摆成了两线式，先把后面的铁路炸毁了，又把前面的桥梁炸毁了，然后就一来一往地对着火车轰炸。那些炸弹扔在火车的两旁，就像道旁种的树一样，一个窝一个窝子摆得很均匀，把田里的泥炸起来，把我的汽车打了两个大坑，火车两边的窗户上都溅满了污泥，可是却恰好没炸着火车。炸弹扔完了之后，就一来一往地用机关枪扫射，飞机飞得很低。正好这附近七八百步的地方有一个小山坡，山坡两沿尽是小的机关枪堡垒，我们一家子都躲在那堡垒里头。小女晓达惊慌得很，用手掐人，掐得很厉害，小儿小洪像不知不觉的样子。这一次简直到了绝地了，那是汪精卫之徒谍报日本人，蓄意消灭我们。可是我们这一列车，约有八九百人，这一天一个人也没伤着。若不是这些机关枪堡垒早就做好的，遭那低飞扫射，是没有法子不受伤的。五六个钟头轰炸和扫射过去了，天黑了，桥坏了。跟铁路上的人一商量，说到明天正午十二点才能修好。我说："那不成。"找彭国政他们再去跟铁路上的人商议。铁路上的工程处有两位好朋友，都非常热心，愿意努力修一修看。他们真算是特别出力，辛苦了大半夜，到了三点钟来报告，说桥修好了。我说："很好！"向他们道了谢，马上就开车了。又走出去一二百里路，天亮了，找了个小车站停住。又跟昨天一样，敌人飞机来了，可是没有昨天厉害，我想他不知道我这一列车停在什么地方了。我在这个地方同老百姓谈话，他们说家里的男人都上山做沟垒去了。老太婆、老先生和孩子们对我们亲热极了，招待很热情，可是吃的喝的用的我们自己带的都有，只是临时买了他们些青菜。他们再三再四地说不要钱，可见我们的老百姓真是天真纯良，最有良心、最和善的，这真是一种伟大的美德。

在不断轰炸之下，火车开到了长沙。张文伯先生热情招待，诚恳谦和。更有一件不能忘的事，那就是我在武汉的时候，在敌人昼夜轰炸之下，考虑到同我住的几位老先生，像陈哲甫先生、刘聿新先生、邓鉴三先生等的安全，我就给张主席打了个电报，请他在长沙给找一处房子。他马上回了电说给找好了一处，在银行公会。这样，这几位老先生就住在那里。有警报的时候，他们就过江去。我很感谢张先生的帮助。

在长沙看队伍，在城周围一处一处地看，并且仔细讲解《打胜仗的方法》。这是我新近完成的一本书。

我到岳麓山，看见许多好地方都被日本鬼子的飞机给炸毁了，这是多么痛心的事！一天我去祭蔡松坡先生，又去祭黄克强先生，都读了祭文，献了花圈，照了相。觉得这两位先生真是革命的英雄豪杰，他们创建中华民国，历尽千辛万苦，今天来祭他们，真觉得他们是无比的伟大，真是令我敬佩之至。

我又过江去看了赵炎午先生。他是一位湖南的大革命党，为了救国救民，受过多次的苦，冒过多次的险，到现在当一个老百姓。不但是湖南人敬佩他，就是每一个中国人，都没有不敬佩他的。

赵先生有一位兄弟，忘了是德国留学生还是法国留学生，很勇敢。听说，有一次几个外国人在那里渡河，欺侮河边上的百姓，打河边上乘船的人。这位赵先生看不下去，动了手。一个外国人像饿虎扑食一样奔着他来，被他一摆手打倒了。后来又上来了两个，也被他打倒了。几个外国人被他打得乌眼青，莫名其妙。看的人很多，到底外国人不打了，算完了。这种爱同胞爱国家的精神，真值得佩服！他的个子不大，若按旧话说，身体有“通天贯日”四个字的说法。他这短小精悍的身体很像个日字，精神非常饱满，将来是国家有用人才。

我到了益阳看军队，也对民众讲了话，也把几本书送给他们。又到附近的一个基督教学校，他们很有精神，我在该校也讲了抗战哲学，后来这本书在重庆印了出来。

到了常德，有几个文武官吏来欢迎我，我对他们谢了一谢。第二天集中训练的一些保甲长及民众有几千人在一起，我对他们讲了话。听到说刘聿新老先生生病在常德医院里，我去看他。他的痢疾好一点了。恰巧这个医院的护士学校举行毕业典礼，他们请了五桌客，硬拉着我也算个客人，我很乐意地应允了。在吃饭的时候，客人里头有两个是校长，他们对我说，民国七八年的时候，他们在中学当学生，我教过他们军事操练，因此对我非常亲热。有几位低声对我说：

“我们常德人都想看先生，可是不敢来看，因为本地一个官有命令，在常德谁要看冯先生就枪决谁。”

我听了这话才明白。我说我来到这里，怎么看不见许多老友呢？怎么看不见许多常德人呢？是这个原因。这真是奇怪的事！后来没有过几个月，大火烧长沙，就是这个人干的。他由常德警备司令调去，不知为什么跟得了神经病一样，一把大火烧了长沙的百姓，许多人被他害死了，他也被委员长枪决了。常说的话，天躁有雨，人躁有祸，这个人就是在那里作躁，完全是胆大妄为，只知有己，不知有人。结果怎么样呢？把人家害了，把自己也害了。

临澧县的一位姓侯的来看我，住在旅馆里。有人给我说，他是想着在东关外地方我曾修过一座石头桥，他们要在那里为我立个碑，以为纪念。哪晓得有命令，谁见我就枪决谁，他只有偷偷地把这个消息告诉我，就赶紧回家去了。我听了这几方面的消息很纳闷，他们这葫芦里头是卖的什么药？可以说到底也不清楚。

第二天到陬市看军队，也讲了话。听到说过了桃源，到贵州的汽车路有几段很窄，必须先打电话通知那边来的车在那头等着，这边的车过去了，那个车才能开。若是电话说不好，两车在当中碰上，要让也让不开，那就麻烦了。我听了这个话，就决定由湘南到广西，由广西到贵州。归途到益阳，听说刘聿新老先生的病重，我就找赵力钧同志带着钱去看他，并且为他办了身后的事情。后来力钧回来报告，说老先生的痢疾本来好了，吃什么东西吃坏了，就这样死的。衣服、棺材装殓好了，埋在一个地方，并且还立了一个小石碑。辛亥革命的时候，刘聿新先生首先攻破南京，打走张大辫子张勋，可说是创建中华民国的老英雄。后来他做江北护军使，袁世凯因为他是革命英雄就把他调到北京住闲，不给他事做。这老先生学问品行都是第一等，字也写得极好。后来我本着这些事迹报告常会，政府颁有明令褒扬。

走到宁乡，听说周道腴先生住的地方离着汽车站不很远，我买了些礼物找人给他送去，问候问候。周先生接着来看我，说军纪甚坏，百姓受害不浅，有些军队把塘里的水放掉，把养的鱼捉个完，除了自己吃，还拿去卖钱。老百姓们对这样的军队，痛恨极了。吃了鱼还不要紧，明年栽秧的水也没有了，这是很大的事情。周道腴先生真是忧国忧民的一位革命老同志。

就在这路上看见贵州送过来的新兵，饿得面黄肌瘦。这种情形，有什么好枪好炮也不能打仗。为什么军政办得这么糟呢？就是因为他们不治兵，他们自己以为满肚子学问，在纸片上拿起笔杆来，好像有千条妙计似的，到了实际上一看，全不是那么一回事。他们还不喜欢听别人的话，把无数万的新兵饿得骨瘦如柴，路都走不动。到底也没有一个人负责任，说是我办的不对，想法子改革，而只是在那里推诿过错。有好处大家争，说这是我办的，有坏处大家推，谁都不负责任。这是抗战里头一条最根本的事，偏偏没有人管，可叹不可叹？！可哭不可哭？！

抗战吃大亏的是关于兵的事。后边练的队伍送到前边去补充，后边的军官也都是受过教育的军官，都是年轻力壮，叫他把兵训练好了，送到前方，交给前方的军官，他自己给自己起个名叫奶妈子，精神上就不好过。有的说我们不配打仗吗？为什么叫我们把兵送到前方，叫我们空着手回来？

由四川隆昌送新兵到云南这是几千里，内中还有伙夫、马夫等等。八百人送两千人，因此路上跑了很多。送到了，回来又是两三千里路，来回两三个月，劳民伤财，物质精神都吃了大亏。

为什么不谁练的兵就让谁带到前方？人是有感情的，训练时期熟了，带去正好。把新兵交去不管了，新兵新官，人生面不熟，名字都叫不上，怎么能打仗呢？一打就散，这是许多人都看到的大错误，为什么不改正呢？我怕是有人跟汪精卫勾结，有心跟委员长捣乱。

由长沙转到宝庆过湘乡，打听打听曾文正公（即曾国藩）的家乡。听说曾文正公的后人，大多是读书人，这真是难得得很！读书才能明理，不读书的人绝不能明理，注重读书比注重给孩子们留下产业是更要紧的事。

到了宝庆，这里有一个司令，我也不写他是谁，他告诉我说，他们军队里应领的东西，就是不发给他，要发给他，还得花多少钱去运动。他生性痛恨这种腐败行为，所以东西老领不下来。一面说着，一面难过。我听见别人说，他跟某人当过参谋长，可是还受这样的黑暗待遇！我就照他所说的话，给委员长打了个电报去。这电报有人看见了一定会感到不痛快，可是我既肯发那电报，我就不怕人家不痛快。军事的败坏全从这里来的，这一件事若不能革除，军队怎么会好呢？

这里有一个招待空军人员的地方，是新生活办事处的朋友们办的。被招待的都是苏联的空军人员，身体非常健壮。跟他们谈起话来，他们都是说要为中国的独立自由牺牲自己的性命，慷慨激昂，真诚勇敢，真是使人感激佩服！

这里有教会的朋友不少，我也给他们谈过一次话，男的女的老的少的，都亲热得很。他们受过《圣经》的训练，见了人总是亲热而谦和，使人们觉得特别舒服，不是那种冷冰冰的样子。从这里到衡山，张文伯先生在等着我。他在这里训练了五六千中学生，都是预备做保甲长或区长的，年岁都是二十岁上下，体格好，精神饱满。我对他们讲了一个半钟头的话，题目是“献身给国家”，讲得他们一会儿悲痛起来了，一会儿高兴起来了，一会儿摩拳擦掌，竖起脊骨来。这些青年热血赤心，真是最有作为的人物。后来听说张主席离开湖南，他们就被解散了，你说可惜不可惜？

在这里本来有人劝我到广东去看一看，因为我受的命令没有说到广东去，所以不便去。我在衡阳看了军队之后，就到零陵，正遇着李协和先生在那里，很痛快地谈了一两天。他就是忧郁：武汉要不守，可怎么得了？若守不住，可怎么得了？这些爱国忧民的老同志，在他每一句话里头，都站在救国家、救百姓的立场上来说的，来行的。他找我写四个大字，是“身心健康”，他又说唐孟潇先生的家就住在这附近。

在武汉的时候，石筱山送了我几十幅他自己写的小挂屏，都是写的战史上的东西，非常有意思。我坐着车，一面走着一面读，越读越高兴，简直把四十九段读了个透熟。沿路上看见有某机关，正在衡阳以北、衡阳以南大盖房屋。我想：这些办法真是不妥，敌人要来到这里，盖那么些房子有什么用呢？有这些钱，都应该在官兵身上去花，不应该扔在水里头。这个毛病就是因为亲自出来看的人太少的缘故。执政掌权的人坐飞机，飞到这里，飞到那里，路上有许多实在的情形都看不见，这是一件顶不得了的事。

到了广西界，慢慢地看见一座山一座山都与北方的山不同，好像是一座大山埋在土里，只露出一个山尖来一样，这真是特别得很，峻峭美观。这样的山在桂林一带很多。当中过两道河，汽车上木船，用小汽划子带过河去。有的船上没有人，半会儿才叫了人来；有的船上没有油，得现去找油去，耽误工夫不少，添出麻烦不少。到了桂林，黄主席（指黄旭初）等好多老朋友非常亲热，我看他们上上下下真有一种苦干的精神，充满了朝气和乡气。

我住在他们的一个招待所里，遇见蒋百里先生，那时他是代理陆军大学校长。前几天在长沙陆军大学特三期毕业的时候，好多先生和同学硬把我叫了去，也去跟着行毕业礼。因为在南京的时候，我在特三期旁听很久，所以好多同学来拉我去参加盛典。我记得那天行毕业礼，蒋百里、张文伯都在场，很有意思。当天晚上，许多同学恭请蒋百里吃饭，这个人过来敬三杯，那个人也过来敬三杯。百里先生说：

“都来呀，死都不怕还怕喝酒吗？”

我看那个样子很不好，怕他会吃了喝酒的亏，我劝他不要喝多了，对身体有妨碍。他说他的身体很康健，不要紧。在桂林招待所里又遇见了，他约我在一个屋子里谈谈话。我说：“很好。”他首先说到汽车路上冒出许多的石头，这样汽车轮胎一定坏得很快。这不是把外国货都损坏了吗？不又得用自己的金钱去买吗？国宝外流是最不好的，若是用石灰和土，把这路修一修，钱都花在中国人身上，而汽车轮胎又不坏，为什么没有人办这个事呢？他很焦急。后来又说：

“国事危险万分！盼望冯先生多多地向蒋先生讲话，因为蒋先生不明白各地实在的情形，也是有人故意地欺蒙他。”

我说：“咱们携起手来，说实话，说真话！盼望你在路上，把所见所闻的随时给蒋先生打电报才好。”

他说：“应当，应当。”

这一次谈论真是肺腑相见，谁晓得几天之后，他竟在河池县死了。这一次谈话就算我们最后的一次谈话了，你说可叹不可叹？

这里有巢县同乡开垦的团体，因为许静仁（即许世英）先生的帮忙，还有一位董志诚先生愿意牺牲自己的时间和幸福来帮助这些难民。我同这些男女同胞们谈了一回话，勉励他们：我们在后方，一定要努力生产，好帮助打走日本鬼子。这里就是缺乏一个领袖人物，多数是不识字的，容易被人欺骗。这是一件可虑的事。

桂林城区特别为老百姓便利，开了好几个门，一拉警报，哪个门都可以出去，我看这就是为老百姓谋幸福。

有一天我过河看见一个很长很大的浮桥，过来过去的人很多，很稳当。这个桥给人们的便利不少。

这里有几个大洞，有朋友点了蜡灯领着我去看。里头宽大得很，有警报的时候，许多人都到里头去。这给躲警报的人很大方便。洞上头石头还厚得很，我看它用什么样的炸弹也不要紧。

一天午后一点，在招待所看见协和先生从零陵来了，在客厅里坐着。他诚恳热烈地对我说：

“最要紧的事，就是武汉失守了，恐怕有些人包围、动摇蒋先生，又加上汪精卫在重庆正在胡说八道。现在听说蒋先生到了衡山，你赶紧到衡山去，对他痛陈利害，说明全国有知识的人，有革命性的人，都一定拥护他抗战到底。”说得非常恳切。

我说：“你的话很好，我一定去。”

协和先生说："这就去才好。"

我说："好吧，我就把房子让给你住，我就上车。"

决定后就上车动身了。赶到衡山，蒋先生到长沙去了，我就马上往长沙赶。走到夜半，太晚了，只好住在一个汽车站上，站长帮忙给我们买了铺草，就在他那地上铺草睡了一宵。第二天赶到长沙，在何键先生的房子里见到蒋先生。那时正是十一点多钟，有唐孟潇在座，我们三个人在一块吃午饭。吃饭的时候蒋先生问我：

"武汉失守后，我们该当怎么办？"

我对他说："您记得鲁子敬对孙仲谋说的话吗？那几句可要紧。"

蒋先生说："什么话？什么话？我记不得。"

我说："曹操带着八十三万人来到长江北岸，写了一封信给孙权，约他会猎。张昭、顾雍一般人见大军压境，非常害怕，都说非投降不可。鲁子敬趁着孙权更衣的时候，对孙权说，张昭、顾雍这般人说的话，完全是为自己谋富贵保妻子打算。今天的事，谁都可以说降，惟主公不可。孙权说，怎么讲呢？鲁子敬说，像我这样的人，投降了也能做一个刺史，将军投降，不但自己完了，东吴也完了。这一段话，很是要紧。汪精卫一般人为了富贵，什么坏事都敢做。委员长您只有抗战这一条路，失败也是成功，成功也是成功。"

蒋先生说："很好！很好！我们至死也不投降。"

我说："但是还不够。"

蒋先生说："怎么样呢？"

我说："孙权把周瑜调回来，因为有诸葛亮的痛陈利害，孙权下了决心之后，周瑜还怕有人从中说长道短，请孙权把已下的决心当着大众表示出来。孙权乃抽出宝剑把桌子砍掉一角，尔后把宝剑递给周瑜说，谁敢再说投降的话，就拿他当桌子对待，一定砍掉他的头！今天委员长不用宝剑，可以用大刀，砍掉桌子的一角，叫这些亲日派投降派都知道，不敢再说投降，动摇人心，那局面自然好了。"

蒋先生说："很对，很对，我们就这样办。"

散了之后，晚上就叫我在长沙广播。我特别地对着汪精卫说：

“你要再说投降，可要砍你的脑袋了。”

这一回真是教训了汪精卫，这些卖国贼知道蒋先生有决心，知道抗战派的人是要抗战到底，他们只好打算逃跑了。

当天晚上，开军事会议，本来是个要紧的会，有几个人在那里说，要焦土抗战，即要退却的时候，一定把房子烧光，把火车烧完，不可以给敌人留着。散了会，蒋先生跟大家在一块儿吃了饭。

那天晚上，白健生先生写了一封很长的亲笔信，完全说的是抗战必须到底的事情，说得有条有理。到半夜里，蒋先生和蒋夫人上南昌去，健生先生把这封信交给他。这也是一封很重要的信，与抗战很有关系。

第二天早晨，我又回到衡山。由衡山又到桂林，见了协和先生，把对蒋先生说的话详详细细地跟他说了。协和先生很兴奋地鼓起掌来。

有许多跟着我走的人员家眷，没有办法，从桂林向河池运，一趟又一趟。有人就说我的怪话，我都装没听见。为什么呢？在这大乱的时候，无论如何，我忍不得叫我的亲戚朋友刚刚从敌人的铁蹄之下逃出来，又扔在半路上不管，那样良心怎么得安呢？所以无论怎样受指责，我还是把他们都运出来了。

从桂林到柳州，在路上看见宋明轩来接我。他身体有点不大好，我对他说：

“不着急，不生气，写字读书，多走路，一天能出三身透汗，什么病也没有了。”

到了柳州，看见兵工厂在山洞里头，地方太好了。又靠着一条大河，运输也不算困难。到了河池，沿路上有熟朋友的地方，都拉拉手，还是实行那几个原则，不喝人家的水，不吃人家的饭，不受人家的礼物，不借人家的钱，不托人家买东西。所以到了那里，没有多大的耽搁。到了贵州和广西交界处，看见许多前清时代府官、县官立的一种政令碑，上面写的有“獞人”字样。“獞”字现在都改成立人旁，原来是犬字边，这就是轻视僮人的意思。大概是在民国以后，一律平等，就不用那个“犬”字了。这种僮人，跟我们普通汉人全是一样的，一点儿分别没有，看不出来分别，大家一定是一个祖先。这种政令碑我觉着有保存的价值，那可以证明皇帝时代和民国时代不同的地方在哪里。

在广西吃过一种大米粉做的面条，不很长，都是二三寸长，吃起来很有意思，那比小麦面擀的面条一定是容易消化。在北方，怎么也不知道大米能磨成面，也能擀成面条。只要走的地方多，一定看见的新的事情也多，这是一点儿不错的。

在柳州附近，看见有十几万男女同胞忙着担土修路，说是要筑铁路。好多三四十岁的妇女，脊背上背着娃娃，在那里担土。看那种努力抗战工作的情形，是多么可敬多么可爱！拿这一带的妇女来看，那真是比北方的妇女强多了。北方的妇女因为缠足的缘故，动作起来是很艰难的。南方经历多次的革命，确有了很大的进步。北方是被专制皇帝压制住，年代久远，积重难返了。解放，解放，有些人还不知道解放是什么东西。

进了贵州界，有一段汽车路坡度太大，开车的人若是本事稍微差一点，就要出大乱子的。这个路也是“欲速则不达”，应当按着交通的准则重新改造。坡度太大了，拐弯太急了，一辆车不要紧，一天也不要紧，日子长了，车多了，总要生岔子，害死人！这是不可不慎重的事。

贵州有些地名都不大好，充满了帝国主义的色彩，像什么“镇远”“威远”“安顺”“黄平”等等，都是皇帝派兵来杀百姓，杀完了之后，起个名字作纪念。民国以后，都应当把它改过来，像“自由”“平等”“博爱”“民主”“民权”“民乐”“民喜”“民安”“民康”……这些名字不好吗？还有些更不好的名字，叫“狗场”“兔场”，这一定是由于卖狗、卖兔子的原因留下来的名字。我倒不赞成都改得像重庆附近地方什么“小龙坎”“化龙桥”“虎溪河”等等唬人的名字，我想要改为“高士乡”“忠义场”“侠义桥”“利他集”这一类的不迷信而又平民化的名字，是最有意思了。

看见贵州苗族同胞很多，各式各样的。有人说有花苗，好穿花衣服；有的叫白苗，也许是长得白一点；有的叫黑苗，是好穿黑衣服；有的叫熟苗，是指着他会说汉话；有的叫生苗，言其在山里头住着，不会说汉话。我一面到处看队伍、讲话，一面打听苗族同胞的情形和生活方式。有人说汉官不论文武，常常欺压他们，或是诳骗他们，日长月久彼此就不免有些隔膜，由小隔膜变大隔膜，由大隔膜就闹出乱子来了。这就是前些年苗族同胞常常闹民变的根本原因，说来真是一件可耻的事。

苗族同胞不会说我们的话，我们又不会办教育。他们不能读书，自然就不能明理。不能明理，那就容易出岔子。看外国教会上的人，他们在那里立礼拜堂，给他们编一种罗马字母，教他们说话认字，还编出书来给他们读。若是我们能办，一定比他们办得好。可是我们不办，这是不是羞耻的事呢？

看苗族同胞住的以草房为多，底下是猪和牛，一边或者是上边就是人住的。这样一来，没有好空气，人就容易生病，身体也不容易健康。妇女用蓝布绣各样的花，都是图案画，精美巧妙，非常好看。

有一天在施秉县集合了有一千多苗族同胞，男女老少都有。我预先买了些盐巴和布匹送给他们，听说他们最喜欢的就是盐巴。什么叫盐巴呢？就是自流井、五通桥这些地方，从几百丈深的井里汲上来盐卤，又用几百丈深的天然水，拿锅放在火上头，盐卤倒在锅里，熬出来的盐巴很像焖大米饭那个锅巴样子。大米饭的锅巴不过一二分厚，或三四分厚，这个盐巴呀，有的三寸厚，有的二寸多厚。他们为什么喜欢盐巴呢？这是人的生活必需的东西。也许是在以前杀伐他们的时候，一封锁几个月，不给他们运盐进去，他们吃过这个没有盐的亏，因此愈知盐巴之可珍贵。我送了他们每人二三斤盐巴，也送了些糖。我对他们讲话，还有一位翻译。我说的大概意思如下：

一、人类的祖先都是一个。

二、不论汉、满、蒙、回、藏、苗、壮、夷，都是一个祖先。

三、因为兄弟们多了，分处各地，生活互异，意见不合，就发生了你吃的东西我不吃、你穿的衣服我不穿、你说的话我不说这些风俗习惯上的不同处。

四、年头久了，弄得他们老弟兄们的子孙们彼此十分隔阂了，就是这个原因。

五、今天我们的国家被日本鬼子欺侮到了极点了，我们大家不团结起来必定都遭灭亡。

六、我们从今天起，要有一个新的觉悟，彼此认识，我们是兄弟姊妹，要彼此相爱，彼此相敬。

七、鼻子跟嘴不能闹意见的一个故事，我对他们说了。他们哈哈大笑，都高兴起来，都喜欢了。

那个故事是这样：有一个人，他的一张嘴说："我作一个嘴真不容易，既要吃饭，又要喝水，说话也是我，读书也是我，这负着多大的责任。鼻子这个东西，他管些啥事？反倒在我上边，我实在是不能忍受，不调换调换是不成的！"

鼻子说："我在这里不但是摆着好看，并且帮助呼吸，哪是香，哪是臭，没有我你们还知道吗？你看那眼睛管啥事？倒摆我上头，我也是忍受不了了，非调换调换不可。"

眼睛说："你们这些该死的东西，我替你们看黑看白，看着道路，看着各样的东西，你们反倒说怪话，说我在你们的上边。我从今天就不管事，我看你们怎么办！你们没有看见那耳朵，他在那里只是摆设，你们怎么不说他呢？"

耳朵说："我不光是摆设啊！你们既然不愿意我，从今天起我就不管听了。"

这样一来，七窍全都不动了，几天后这个人快要死了。后来都有了觉悟，说这个人完了，咱们也就完了，我们快悔改吧，也不要争高争低，各尽各人的责任好了。就这样，这个人渐渐康健了，什么工作也能做了。大家精诚团结，马上就都好了，彼此指责，彼此埋怨，马上就坏了。

我们全国同胞在日本鬼子进入我们国内的时候，我们只有自己觉悟，你不能离开我，我不能离开你，因为我们是一个祖宗遗留下来的兄弟姊妹同胞。我们亲热起来，彼此相帮，彼此相助，什么样的大灾难，我们都可以闯过去的。

话说完了，我又细细地问他们。他们都很懂得，很明白，并且说我讲的话很对。

我从马场坪转到镇远去。这个地方的专员姓华，也是个老朋友，他很会办事，也很能干。我看了这里的队伍，看看周围的光景，真是一个重要的地点。说到征兵的事，明白的苗族同胞都来参加，不明白的苗族同胞就往深山里头去躲藏。可见平素教育关系太大了，我觉得国家别的钱都可以省，就是教育费万不可省。

华专员对我说，这里有一位王天锡先生，他是王天培的兄弟，他在家里种了几十万棵桐树，都结了很好的桐籽儿，是一笔很大的资产。他家还开了个金矿，叫洞金，不是沙金，两个星期出二十两。我说很好，你把他请了来，我们谈谈。王先生来到，我们谈了很长时间的话，知道他很能干，我给蒋先生打了个电报，说王天锡这个人是很有用的人才。蒋先生就打电报请他去到重庆，后来委任了他一个军事委员会的中将参议，他倒是很高兴的。王天锡先生对我说，他种桐树都是把桐籽儿放在瓦片上，叫它这个根往四下里伸，不往下长，说起来有很多道理在里头。若是把四川、贵州挑五六个县，或是七八个县，拨给他一些专款，叫王天锡专门负责任，办种桐树的事，也可以弄点林警来保护着，这些没有用的荒山就都变成了宝地了。可惜只是给他个空名义，没叫他办什么事。

他说金矿的事，从镇远一直到湖南的桃源，都是矿金。若能大力开采，一百处或二百处开起来，一天见几千两金子是不难的。我想几百万、几千万没有一点儿事情干的穷苦老百姓，若给他们一些法币，叫这些人都去开金矿，几年以后，不但百姓都好了，国家也富了。若是用机器开，那就比这个更好了。可惜不去办。我们的国家就在这里停顿着，什么事情都不办，你说可怜不可怜？

我从镇远到了贵阳，路上看见有一县出铁锅，我觉得这是很有用的东西。我买了一口带着，送给贵州的主席吴鼎昌先生。在这里接到重庆行营主任张岳军先生的电话，他问我是不是要到重庆来。我说："是的。"

他说："派没派前站？"

我说："没有。"

他说："我给您在这里办前站好不好？"

我说："好极了，谢谢您。"

就这样，他给我找了巴县中学楼上头一层大楼二三十间房子，不但把沙发、桌子、凳子、炉子都预备好，并且把大间改成小间，连床铺带马桶，凡住家房子里需要的都预备得好好的。最讲朋友最讲交情的，也可以说是最会替蒋先生办事、最能帮蒋先生忙的，我看张岳军是第一个。

在贵阳这个地方，大操场里集合了有几千人，我同吴鼎昌先生一路去看队伍。我在这里给大家讲话，无论在操场、在讲堂、在党部、在省政府、在公共的地方，都是拿着"抗战必胜"四个字来说话。

这附近驻着一旅卫队，是军事委员会的。我看他们很整齐，规矩也很好。

附近不很远的地方，有一个花溪，那个地方也有苗族的同胞。每年开一个会，不晓得是纪念会还是庆祝会，他们都戴上假面具，拿着刀枪在那里耍，敲着锣鼓家伙。老是那几下子，表现出来的门道太少，太原始了，这是文化的关系。看普通的旧戏，有大花脸，有小生，有文有武，有老有少，有种种的说法，又有种种的唱法，锣鼓家伙、枪刀剑戟，使你看了不厌烦，这是文化高的缘故。这里头的门道很多很多，两两相比，知道相差太远了。文化的高低当然各处都能表现出来，不只是在舞蹈戏剧上头。

从贵阳到遵义看队伍，新兵穿的衣服破烂极了，都跟叫花子一样，我讲话的时候就栽倒了几个人。我下了台，到兵跟前一个一个地仔细看，有的把肉皮子冻得发青，有的在那里打抖，我给他们照了相。后来这个相片在重庆拿给蒋先生看，蒋先生看了，气极了。

遵义这个地方，有些老绅士，都是在地方上深孚众望的，我都请到一起，吃个便饭，谈谈话，问问民间的疾苦。这些老先生说，就是征兵的办法太坏，乱捉兵，待遇又不好，他们都痛恨这个办法。老先生说的话我当时一条一条地记下来，吃完饭，老先生们走了，我就马上发了电报给委员长。

陆军大学从长沙刚搬到这里，教育长换了万耀煌。万是湖北人，人很谨慎小心，做事实在。他在武汉的时候，办中央训练团，办得很不错。这陆军大学由长沙搬到这里，太不容易了。我在这里看见了白俄的教官，一位叫布尔林，一位叫多玛，还有一位叫圣索夫斯基。圣索夫斯基是教要塞学，布尔林是教筑城和战术，多玛是教战史。这三把手都很好，尤其是圣索夫斯基这位老先生，非常热诚。有一次他病了，还是在那里教功课，躺在床上，把学员们叫到他床前，他在那里教，使许多人受到他的感动。多玛教东西教得好极了，他在黑板上写，写出来一个字不改，就是一篇文章，这个人的学问是很成熟的。布尔林讲的也好，而且极热诚，我在南京就听他讲过。这样的成熟人才，在我们的陆军大学担任教育，实在应当特别优待他们。后来我听见说，因为物价太高，他们的生活弄得很艰难，很困苦。

路上经过桐梓，这里有个旅馆叫中国旅行社，办法很特别。他们弄的那小屋就跟火车上的房间一样，挺窄挺小，但也挺干净；饭堂倒是宽大的，可容好几张桌子。不论怎么样，不能不佩服他们有思想有学问，敢这样办。许多人都是一辈一辈地闭着眼过下去，不肯改革一点儿。有点儿改革思想的人，又怕旁人说怪话，这样永远不会改进的。

由遵义在綦江来，过一道大山，高得很。这里有些稀奇古怪的名字，如一个地名叫吊死岩，或是钓丝岩，这附近摔坏的车，摔死的人，真是太多了。这事不许登报，假如登报的话那每月都有几起，这八年还得了啊！实在说起来，应当费点大的工夫另辟一条路那就好了。我看不是难事，抗战的时候关系很重要，就是胜利之后，这条路还是很重要的。

08

四川检阅

到了綦江，已入四川境，觉得比贵州地方富庶多了，尤其是出广柑，大量地生产，这个时候价钱是很低的。最有意思的是这里有一种草，把它盖上广柑，底下再铺上一层草，它就不烂，说搁好久都不坏。这是本地人说的，我想总是靠得住的话。我在这个地方看军队，是一位姓韩的叫韩文焕训练的，他是陆军大学毕业的，人极认真做事，勤苦耐劳。他练的这些兵，假如叫他自己带着去打仗，一定很能打仗，因为连官带兵都练得精神非常饱满。我看了他这个队伍之后，给蒋先生打了个电报，保举韩文焕。后来何辑五（何应钦之弟，原系贵州省军管区参谋长）免职，就任韩文焕为参谋长兼保安司令，到贵州省去了。真的好就说好，坏就说坏。我们办国家的事情，是就说是，非就说非，不敢有一点儿什么远近厚薄在里头。

韩文焕这部队里头有二三十个小官，都是我在河北省景县训练的宋哲元部队里头的学兵。在武汉考了二百人入军官学校，这个时候都毕业出来了，正在这里当少尉、中尉。他们见了我真是如同孩子见了娘一样，亲热极了，说长道短，又拉着我在一起照了相。他们都说愿意回原部队去，我说：

“为什么呢？”

他们说："在原部队里头，就如同在家庭里头一样，死可以一块儿死，活可以一块儿活，甜可以一块儿甜，苦可以一块儿苦，在别的地方，心里一点儿也不踏实。"

我说："你们应当努力，把你们所到的军队都变成你们那原部队的样子就好了。"把他们劝勉了一会，他们也很高兴地走了。

从綦江到重庆，看见路旁边的一道河正在修闸筑坝。我说，若不是抗战，谁能跑到这里来修这个河呢！假如抗战以后，我们各地都能像这个样子开辟起来，建设起来，那可就好了，也不是很难的事。只要有人才，有钱财，政府加以指导和督促，那就能成了。

綦江到重庆，尽是向下坡的地方多，究竟相差多少米，我不知道，我觉得上的时候很少，下的时候很多。到了重庆住在巴县中学。这个地方的学校已经搬到江南岸渔洞溪去了，腾出这个地方来，下边一层楼住的是军委会铨叙厅，上边一层就是我住的，副官、参谋、秘书都住下了。卫兵住在楼一头的地窖子里头，也很干净，很舒适。手枪队住不下的人，都给他们找了南岸余家祠堂，盖了几间房子，那里还有一个庙，也就勉强住下了。在这里，还是在这附近看队伍。

在重庆，首先到万县去看军队。路上经过涪陵以下的几县，到了忠县，看了军队，也讲了话。忠县南门外头有一个小碑，上头写的是"严颜故里"。走到西门，看见一个大的石碑，上头写着"秦良玉故里"。秦良玉是明朝一个女总兵，她守了石柱周围七八个县，张献忠带兵打她，多少次都没有攻进这几个县来。这些县的人民被秦良玉保护得平平安安。明崇祯在北京紧急的时候，下诏各地总兵勤王，许多总兵都没个回信，只是秦良玉这个女总兵带着几千精锐的亲兵、子弟兵，到那出了很大的力。到现在北平还有一个地方叫秦良玉点兵处，山海关和柳条边都有关于秦良玉的古迹，就是她和清兵打仗的时候留下来的。

我了解这位女英雄的历史故事以后，到处讲演都引她的故事来鼓励妇女参加抗战。我说：那个古老的时候能出这样的英雄豪杰，现在应当怎么样呢？有些人很受感动。

后来我看本县的志书，又跟本地的父老谈起忠县的名称怎样来的，忠县是怎么回子事。父老们说，原来重庆是巴国的首都，成都是蜀国的首都，巴蜀两国打起仗来，巴国打败了，蜀国追过了重庆。巴国的大将叫巴满子，他急了，就求救于楚国。楚国说可以出兵来帮助巴国，不过若打走蜀国的军队，你们巴国必须给一个城池才能行。巴满子就签了字，说只要你们帮助我们打走了敌人，救了我们的国家，就给你这个城池。后来楚国分五路出兵，果然把蜀国的兵打跑了，一直追过了内江，巴国算复了国了。可是楚国就来要报酬，那就是要这个城池。巴将军就请了楚国的文武官和巴国的文武官开了一个大大的宴会，他站起来演说着："楚国救了我们巴国，本来已经许了你们城池，若不给你们，似乎是失信，那此后谁还敢跟我们共事？若践约将城池给你们，那我不是卖国吗？我有一个要紧的东西，请你们楚国朋友带回去，这比这个城池宝贵得多了。给的这一件东西是最宝贵的，海内外就是这一件，这可说是一件活的宝贝。"说完了这话，站起来，端着酒杯，请大家痛饮三杯。喝过了三杯酒，他又把刚才说的话重说一遍，猛然间从腰里拔出宝剑来，对着自己的脖子一剑砍去。巴将军的头跳起来有几尺高，血喷出来一丈多高，好多人都哭起来了。楚国的人说，我们不要城池了，我们愿意跟你们永远和好。这样一来，城池人家不要了。因为巴将军有守土的精神，所以后来这城池就叫忠县。这城里头有一个土主庙，似乎就是拿巴满子作为守土之主的意思。到了三月里，大庙会之期，一两千里地的百姓都有来烧香的。我听了这话，又看了志书，一点儿不错，这是我们中华民族几千年来的一朵鲜花，是最鲜艳最美丽的，我们应当发扬光大起来。忠县的对岸山上有唐朝陆宣公（即陆贽）的墓，远远看去是很庄严的。忠县西边四五里地，就是白香山的祠堂，看上去很好看。

到了白帝城，看见关于刘先主（指刘备）的古迹也不少。再往下走，看见甘夫人（指刘备的夫人）的祠堂。就是没查明白，为什么甘夫人的祠堂会在这里。到了万县先看了军队，讲了话，主要意思是非抗战到底不可，又给民众和学生讲了话。看万县这个地方，真是很富庶的一个地方，教育、文化都是很好的。到一个礼拜堂里去讲话，看见湖北、河南来的好多老朋友。听说朱浩然牧师来了，可是不知道他在哪里。这天正是十二月二十四日，还有一个会画画的朋友，画了很多的画，在那里展览。有一张画的是蒋先生在一棵松树下坐着，拿着一本赞美诗。我要买他这一张，他送给我了。这位画画的姓阎，叫阎磊。回到我住的地方，休息了，刚过半夜，听见有人报告，说楼底下来了一二十位男女学生，提着灯来报喜，他们唱起赞美诗来了。原来他们庆祝耶稣圣诞节，唱的都是耶稣圣诞的诗。我下来一看，有好几位都是认识的青年学生，这才知道朱浩然牧师确实是来了。把这些年轻的朋友送走了之后，我就在万县各处转一转。后来看见了朱浩然牧师。谈起来他很难过，他说不能再往西走了，没盘川了，还得回信阳去。他又说，他们从长江来是坐的木船，走得太慢。他的岳母已是七十多岁的人了，就是走的那江边上拉纤走的路，一上一下，危险极了，若一步迈错了，就会栽到江里去。并且说到坐着木船，看见撑船的人太可怜了，不是拉纤，便是赌博；不是赌博，便是彼此相骂；不是骂人，便是打架。朱牧师说，万想不到这种人这么可怜！后来我对他说：

“你跟我到重庆去吧，我这船上人不多，你有多少口人？”

朱牧师说，他有二三十口。

我说：“好了，我管饭吃，也不要船钱，你跟我一块走得了。”

这样就说定了，第二天他们就搬到船上了。这船上的一个负责人是个英国人，姓海，会说中国话，这个川江的路他算熟极了，哪里有个小岛，哪里有块大石头，他都记得清清楚楚。他有一张详细的图，水涨多深该靠哪边走，都弄得明明白白的。沿路上一面走，他一面跟我讲。他对我说，这船上也有无线电，一有警报，就赶紧停船。在巫山巫峡下边，有一个地方，就在江心里，有一个盐卤井，多少人在那里弄那个卤好熬盐，我也下去看了一看。我问：若是水大怎么样呢？他们说那就淹了，水小呢，就露出来了。这是一个很奇特的事情。

走到巫山巫峡里头，海先生对我说，前几年他们从这里过，常看见几十个猴子从这山上下来，手牵着手，到江边上喝水，若一听见轮船上汽笛，就都吓跑了。猴子跟猴子叫起来，使人听着，也很难过的，这老猴子都是非常爱护小猴子的。

船走上水，从万县到重庆中间的这几个县都靠了一靠，最有意思的是我到了丰都县去看一看。本地人对我说，原来这里有一个姓殷的，有一个姓王的，在这里住。和尚和老道把这两位讹传为殷王，以后就越传越离奇，说丰都有阴王。阴王者就是阴间的王。在那一朝的时代，正是太后临朝，就被这些僧道说动了，于是就有丰都阴王的种种传说。我跟着向导，到阴王殿去看，那有望乡台，有奈何桥，凡是十殿阎君书上有的，这里都有了。并且有到阴间去的路票，还打着关防，这真是一个骗人的发源地。中国人不求实际，就在这一件事情上看，太胡说八道了。我不知道为什么允许它存在，还在这里日日骗人。这种东西要不除掉，科学永远不会发达。因为瞪着眼就在这里说胡话，明明是没有的事，他偏说得跟真的一样。今天我们社会的落后，都与这个有关系。

到重庆的时候，有人说汪兆铭住在什么地方的一个大房子里，并指给我看，我说很好。哪晓得不两天，就说汪精卫走了，坐飞机到安南去了。又有人说，有人去打他，把曾仲鸣打死了，姓曾的是他的亲戚，也是预备跟汪兆铭一块去当汉奸的。有人说，他们逃到河内，等日本船来迎接。本来汪精卫住这个屋子，他怕有什么事，叫姓曾的跟他换换房子，他就跑到姓曾的那屋里去睡了。姓曾的就上他这屋里来睡。正好，来杀卖国贼的人看准了原来汪兆铭住的那屋子，开枪一打，把姓曾的打死了。这真是个替死鬼。假如在这个时候，就把汪兆铭打死，后来现眼也许不会那么大。以汪兆铭这个人，辛亥以前炸过摄政王（即载沣），下过监，几乎被杀掉头，可说是一位十足的革命党。自此以后，他自己觉着是创建中华民国有功的人，在中山先生面前，他的地位不高他不乐意，他没有权他不乐意，不用他的人他不乐意，一步一步地、渐渐地变成了自恃自大、自骄自傲，今天跟这个闹意见，明天跟那个闹意见，一切老朋友都被他得罪了。并且他看见蒋先生当总裁，他自己当副总裁，他是很不满意的。由于“不满意”这三个字，他就变成卖国贼。他看见日本那么强盛，那怎么打得倒呢？他没有看见还有比日本强盛的呢！又以为爱国没有报酬，他不痛快。他以为日本占了地方都可以给他，自己做个儿皇帝没有不可。他又弄了几个陈公博、褚民谊、周佛海之流，都是骗他的，顺着他说，对于他不敢打驳回，尽是恭维他的人，没有说他不对的人。这样要想不糟糕，哪里能成呢？

这一天我们开了中央常会，蒋先生主持，问大家对于汪精卫走的事怎样看法。大家一位一位地发表了意见。我说：

“姓孙的在南京，一九三五年十一月一日打了汪兆铭三枪，以今天的事情来看，他去做卖国贼，我们真应当给姓孙的造一个铜像，人家真是有先见之明。”

结果呢？大家通过了开除汪兆铭的党籍并且通缉他。我记得这是三十一号的晚上或是一号的晚上，二号我就从重庆坐车到成都去看军队。头一天就住在永川。因为菜花正开，又黄又香，我作了一首《菜花黄》的诗，把它抄在这里：

《菜花黄》

时当二九天，蜀道菜花黄。
灿烂真悦目，风来阵阵香。
此花有傲骨，胆敢战风霜。

前方正抗战，精卫竟投降。
平素空谈论，离奇又狂妄。
“岳飞是军阀，秦桧是忠良！”
有人对我说，此话出于汪。
此为其哲学，有奶便是娘。
察哈尔抗日，口外作战场。
多伦既克复，官兵多伤亡。
运回一千多，死者四团长。
平津入医院，万目共昭彰！
汪说未打仗，哪里有死伤。
黑白早不分，实已昧天良。
武汉打电话，态度亦失常。
每闻我军胜，怒气不可挡。
一闻我军败，喜气乐洋洋。
喜败而妒胜，此语可思量。
最高国防会，诸公坚立场。
前方作苦战，流血救危亡。
若有言和者，如何对士将。
汪氏闻此言，当时面红涨。
会散尚含怒，言词尤悖狂。
领袖欲太重，汉奸也愿当。
行年已半百，晚节末路忘，
只知富与贵，不替民族想。
国家与朋友，尽弃投敌邦。

千年万世后，“精卫”恶名长。
认贼作了父，甘心拜天皇。
倭寇发狂言，欺世惯中伤。
巨奸欣然喜，竟谓好主张。
不要我赔款，中国整个亡。
取消租界地，全属贼东洋。
日“满”华合作，主人倭寇当。
二国成一家，日贼是父王。
此理至明显，世人都知详。
谁说汪不知，未免太荒唐。
如果汪知道，那又怎么讲？
“卖国贼”三字，头衔最适当。
孙凤鸣壮士，一击连三枪。
早晚铸铜像，佩他有眼光。
韩国李完用，不孤今有双。
倭寇将大败，我军正威扬。
不久失地复，民族得解放。
日本革命起，军阀尽灭亡。
到了那一天，汪贼走何方？
不见拿破仑，攻俄势莫挡。
占了莫斯科，豪气高万丈。
一旦俄反攻，吃了大败仗。
可怜四十万，未剩两千枪。
不见德意志，大战何豪强！

血战整四年，财尽民慌张。
国内起革命，民治为政纲。
威廉快滚蛋，国外去彷徨。
我们为民族，小败心不慌。
我们能持久，一定打胜仗。
我们为民主，天皇定灭亡。
我们有信心，始终不摇晃。
信念最坚决，至死不投降。
四五千年史，此战最芬芳。
成功与成仁，必述青史上。
呜呼汪兆铭，心肝尽丧亡。
呜呼汪兆铭，不如菜花黄。

到了永川，这个地方也很富庶。晚上住在一个公共的地方，那就是县党部，好像有好几个机关。里面的屋子，挂了好多张先烈的肖像，这真是宝贵的相片，可惜街上没有卖的，假若是街上有卖的，一定有很多人愿意买。悬挂的方法，也有关系，墙漆黑，弄些土钉子一钉，高低不一样，间隔不一样，悬起来也不提人精神。假如是印出来，就把它一个一个地裱好了，悬挂也容易了，那自然看着也好看。

这里专员公署的一位科员，管着民众教育馆，姓周名敬承，是江津人。他写了几本《抗战的金钱板》，送给我看，都是印得很好看的小本子，内容确实很丰富。这是他自己拿出钱来印的，自己写，自己作，我看这是一位真正在大后方坚持抗战的同志。我对他的书都仔细读完了，我就给蒋先生打了个电报，保举周敬承。蒋先生回了电报，请他去。后来我听说，蒋先生非常看得起他。不久，他在璧山各地当教员，专为宣传抗战的事，好多人受了他的感动，并且感动得落下泪来。不知道怎么的，有人告发了他，说他有一本书上写着“刘峙不打向后退”，就因为这一句要捉他。捉的人进了前门，他就从后门跑了。幸亏他跑得快，不然还要有麻烦呢！几年后，我在各地发动节约献金救国运动的时候，他又跑到自流井去找我，愿意帮忙。他为了节约献金，出了很大的力。在富顺、威远一带，他就用《金钱板》感动了无数万的人，有很大的成就。后来，周君兄弟从自流井回家，一天出去赶场，走在路上被土匪截住，向他们兄弟俩要钱。他一看只一个土匪，周敬承先生抱住了那个土匪，抢他的枪，想不到旁边还埋伏了几个土匪，赶过来把周敬承哥俩都给砍死了。后来有人说，这个匪首被拿获了，究竟枪决没枪决还不知道。

以周敬承先生这样一位有学问、有本事、有能力、有血性、有良心的爱国知识分子，活着的时候不得重用，并且是见过蒋先生的，还没得到大用，无缘无故地被人捉拿，藏着躲着，又出来出大力，做节约献金救国运动的工作，回到家里出来赶场，被人杀害了。死了连冤也没有人申，家里的女人孩子也没得到抚恤，连褒扬也没得到，这是多么痛心的事啊！这是多么可惜的事啊！

到了荣昌，也看了军队，我又到街上走一走。这个地方出产夏布和油纸折扇，销到各地的很多，看来真是个富庶的地方。

到了内江，这个地方出糖，因为周围几十里路都种的是甘蔗。我记得一九一五年（民国四年）到这里，东西一道大街，家家户户，每个铺子里，都把这冰糖从地下摆到房顶，那真好看极了。这一次来，道路也改了，也宽了，已是汽车路了。糖的样子也全改了，像茄子、黄瓜、辣椒、冬瓜，各式各样的东西，都是用糖制的。特别出色的就是冰糖球。我的秘书赖先生（指赖兴治）的哥哥就开有糖厂。我到他厂里仔细看了一回，发现剩下的渣滓还能做酒精。后来抗战这几年，内江附近拿剩下的糖滓子一年做了多少万加仑的酒精出来，这真是随着潮流、随着时代生产的东西。在这里看队伍，我也记不得那个旅长是谁了，可是那兵练得好极了。若是叫那些官长自己带着去打仗，一定打胜仗。可惜的就是不叫他们自己带，都是叫他们当兵贩子，当奶妈子，当然他们不高兴，兵也不高兴。几个不高兴凑在一起，见了敌人怎么办呢？只会是溃散了。这个方法是最坏的一个方法，可是到底也没有改正过来，痛心到万分！人是有感情的动物，不能像机器一样地来用他，今天偏偏地拿着人当机器用，如何不糟糕呢？

到了资中，也看了军队，也开了军民大会，也是讲了抗战非抗到底不可。那天就住在教会里，这个地方隔着一道河，一来一往太不方便了。我想也是跟河南归德府的车站一样，铁路经过归德，本地的绅士们反对经过城池附近，后来移到朱集，离着城十八里路。赶铁路兴隆起来了，再想向城边移，没法办了。

资中这个地方，硬把个汽车站放在河这边，要进城还得过一道大河，真是太不方便了。恐怕也是地方上的人反对的缘故，也许是有别的原因也未可知。

经过简阳、龙泉驿，到了成都，是贺国光先生在这个地方任行辕主任。也见了邓锡侯先生和潘文华先生。贺国光是湖北人，很和蔼，真够得上“上和下睦”，又顶会办事。邓锡侯和潘文华两位先生都是极爱国的军人，军队训练得非常好，整整齐齐，严严肃肃，他们很有决心，要抗战到底。我在这个地方也看了几天军队，讲过很多次话。这里还有些国民党的老同志，像李伯申先生等，他们开了一个会欢迎我，我对他们说了些要领教的话，说了些请他们指教的话。早就听见说，谢持先生得了半身不遂的病，我托高兴亚先生替我看他去。我也到了双流，看了军队。这个地方，有一个很大的飞机场，动用了十几万人修的，修得非常好。这里有一位刘老先生，写了很多书，很有些见解。他六十岁才生儿子，一连生了八个儿子，这个人是最孝顺的。我把他所写的书买了一全份，钉了一个大箱子带回来，预备慢慢地看。

在成都我去看了武侯祠，原来就是昭烈帝庙，应当叫昭烈庙，可是人家都叫武侯祠。武侯的大殿，是在最后一层的。为什么这样呢？真是特别。前面大殿两廊的房子里，是文东武西，文的庞统是第一位，武的是赵云为第一位，像塑得很好，排列很有次序。最好的是每人面前都有一个小石碑，二尺多高，一尺多宽，把每个人的小传都刻在上边，游览的人都能一目了然。前院的柏树死了不少，很可惜的。后面是昭烈帝的坟，也很大。这时候刘湘的坟就在那西边。刘湘是死在武汉的，因为抗战的时候在前方操劳过度，吐血死的。坟埋到这里正要给他预备盖一个大的祠堂呢！我到他的坟上祭了，又到他公馆里头看了刘夫人。这刘夫人说的话，我还记得很清楚。她说：

“先生，您知道刘甫澄怎么死的吗？”

我说：“是为爱国死的。”

她说：“他黑天白日地见客，跟每一个见他的人都把要说的话说尽了，就这样累成病累死了。”她又转了个方向说：“请先生看看蒋先生，无论谁见他，只能说五分钟的话，这五分钟能说出什么话来呢？”

我又到望江楼去看一看，看见四川大学的农学院在这里，可惜种的树木太少了。一个大学的农学院，就是种上十万亩八万亩的树木也不算多，既可以开通风气，又可以改变气候，四川的荒山不是多得很吗！看望江楼有薛涛井及其他的古迹，没有工夫细看，略略地瞅一瞅，就赶紧折回重庆。把这一次各地的详细情形，作了一个报告给蒋先生，并且上了个意见书。

09

督练新军

有一天奉到命令叫我督练九十九军、三十六军、十八军，我也没有什么特别组织，就调了几个朋友来帮忙，先从重庆起。三十六军军长叫江纯，他这军队驻在重庆附近，分了几十处住，在沙坪坝离南开中学不远的地方。我是先来训练官长和班长，把《官长救国十问》和《士兵救国问答二十八问》问过去问过来，他们觉得很稀奇，我倒觉得这是救国的根本大计。看这些官长、班长，精神还不错。操练完了，我又对他们讲《国仇问答》，他们有的是摩拳擦掌，也有的是咬牙切齿，还有的是痛哭流涕。这种敌忾心的激发，实在是很重要的。我把《国仇问答》等书印刷了许多本送给大家。

有一天我训练完队伍，要去看病人，那个团长竭力地说："不必去。"

我说："训练队伍主要的还是看病人，非去不可。"

他说："离这里远。"

我说："不要紧。"

他说："一上一下的坡子太多。"

我说："也不要紧。"

他说："正下着雨。"

我说："更不要紧。"

就这样，他领着我去看病兵。走了四五里路，一上一下的路很滑，好容易走到那个地方，一问，他那一连不在那里住。这位团长脸通红，说：

"原来在这里住，不晓得他们搬到哪里去了。"

我说："没关系，再找一找。"

又走了四五里路，找了两个地方，这次找着了。十几个病人，穿着棉裤袄，就躺在那稻草上，什么也没盖，有七八个都是脸烧得通红。我摸摸他们的头，问他们：吃什么东西没有？想喝水吧？有医生给看过没有？我问了没有几句话，这些孩子就哭起来了。说自从病了之后，就没有人看过一回。我对那位团长一点儿也不客气地说：

"蒋先生把这兵交给你们了，你们应当带兵如带子弟一样。你的儿子病了，是这样待他吗？你的兄弟病了，是这样待他吗？带兵不得兵心，你怎么带了去打仗呢？"

我把他狠说了一顿。我觉得带队伍，这样办法要去跟日本鬼子拼命，是万万不能成功的事！

又有一天，在土桥看一个团部，有一间屋子。我把一切表册一本一本地摆开，什么军装、军械、杂械，教育的预定表、实施表，官长的、士兵的各式各样的表册，真是应有尽有。这跟我在清朝时代二十镇预备校阅的时候那一套是一样的，那是欺骗清朝那些王子、王孙、贝子、贝勒的，想不到今天又弄开了这一套。这是抗战的时候，是讲实在的东西的时候，这一来把营里的书记和司书可算累死了，一点儿实在处也没有。正要去给队伍讲话，我在院里站着看见一个岗兵，十八九岁，长得很雄壮，很饱满，看他拿的枪是崭新的一杆好枪。我问他是哪里人，他说是资中人；问他来了多久，他说十个月了。我说：

"你定一个标尺六百米。"

他说："我不会。"

问他：“为什么不会呢？”

他说：“没有学过。”

我往墙角一指：“你测一测，到那墙角多远。”

他说：“有十四步。”

我问：“是单步是双步呢？”

他说：“单步。”

我说：“你步一步看看。”

他步了三十步，差了一倍还多。细一考查，他们就是没有训练。

看这样子前方正打着仗，后方练了十个月的兵，有很好的枪，还不会定标尺，这叫什么练兵？我对他们的官长们说：

“这是一件极其危险的事，你们全军的官长，若不真实地有一种觉悟，恐怕打起仗来要吃大亏的。”

有一天，我看三十六军的营对抗演习，到了土桥跟前的一个大石桥上坐着。忽然从一边来了两个老头，对着我笑嘻嘻地尽看。我说：

“老先生你看什么？”

他说：“我看您像……您是不是冯先生？”

我说：“我是冯玉祥，你怎么认识我呢？”

他说：“我在报纸上看见过您的相片，今天看见您，我太高兴了，太走运了。”

我就把这两位老先生拉坐在我一边一个，都坐在石桥栏杆上，说话说得很投机。有一位老先生姓于，他有两个儿子，一个在前方军队里当参谋官，还有一个在军队里当书记官。我向他说：

“重庆城里头轰炸得很厉害，我有些老朋友，在城里住着不方便，想在乡下找几间房，您能不能给帮帮忙？”

他说可以，这里有他家的一个祠堂，要不嫌不好，就可以搬到这里来。我马上就找副官同他去看，说定了一个月租金十四块钱。就这样，邓鉴三、王海门几位先生都搬到于家祠堂去住。这地方清静得很，并且离公路不很远。在桥头上坐着的时候，看见一个摆着小摊卖糖卖烟卷的女人，脊背上背着个小孩，两只手编着草鞋，自己还看着烟卷摊子，一身担着好几种任务，我说这也算是兼差吧！小孩子在她妈妈的脊背上只是哭，那个老先生问她："孩子哭你听见没有啊？"那个女人说："他不是哭啊！那是给他妈妈奏音乐听。"我们几个坐在桥上的人都笑起来了。母亲的恩似海深，这更足以证明了。

我在重庆这个地方督练了三个月，尽是看三十六军的队伍。我替他们担心到万分。重庆街上太繁华了，官长们在这个地方住着，容易受引诱，容易懒惰。还有就是住的地方太多，太分散了，不容易集合训练。又搭上没有大的操场，都是一小块一小块的。本来应当去野操，可是这些官长怕一天在野外太劳累了。恐怕里头也有饮食的关系，营养不足。有形的精神实在不够，无形的精神更欠缺得厉害。我为国家担忧，也为中国的老百姓担忧。这军队不能打仗可怎么好呢？有一天，我把这话对蒋先生说了，蒋先生马上拿红铅笔写在纸片上，可见他很注意了。

我在这里乘船到宜昌去看十八军，沿路上一县一县地看看地方上的情形。长寿下边便是涪陵，涪陵上边有一个镇叫蔺市镇。高兴亚先生就是这里的人，我下去看了他老太爷。这位高老先生长得非常清秀，风骨棱棱，他革命几十年，家里被抄过好几次。现在革命成功了，老先生就躲在家里不出来，绝没有一点儿争权夺利的意思。我到了涪陵，这个地方的学生正在赶校长，是个中学，学生们很激愤地来找我替他们做主。我请老舍先生、吴组缃先生和赖先生代表我去给他们了事。这里有一位姓萧的，叫萧先生，也是国会的议员，有七十多岁，很关心国事。

到了丰都，这里有个训练团，并有一个很好的操场。我走到各县都找一种土产，就是蓝粗布印白花的包袱、窗帘、门帘、被面、褥面，各县的花色都不同，我选了有二百多种。有一次在巴县中学，还找了些朋友来看，就算是一个白花蓝布的展览会。还有好几位外国朋友来看的，他们觉得很稀奇。

我走到巫山、巫峡，看见那个地方可以刻几个大字，我写了六尺见方的八个大字："踏出夔门，打走倭寇。"我叫刘副官致钧去同那里的地方官商量，一同办理。几个月的工夫，才把这个事情办成。

过了万县，到了巴东。听到说前几天由船上卸弹药，是用几块木板往下滑送，忽然嘭的一声响了，接着船上都着起火来，不但是几百万的弹药毁了，还炸死了很多人。可见办事的人没有知识、不谨慎、不小心，是最危险了。我到了巴东，上了坡去看一看，太脏了，到处是污垢，到处是臊臭。抗战的时候，人们容易得病，就是这个原因。从长江这一条路，一路上都是空袭。早起空袭，晌午空袭，晚上也是空袭。用种种的方法来防备，还算好，跟着的朋友们一个也没伤着，这就算是很侥幸。离宜昌不很远的地方有一个古迹叫三友洞，专员公署和省政府有几个人在这里。我在这庙的大殿上看了好久，这些人在这里办公，一个是太潮，一个是太暗。我在这个地方最高兴的是见了张难先先生、石恒清先生，还有湖北代理主席严重先生。我们四个人在一块儿吃了一顿饭，是各人拿着各人的东西吃的。我看全国的主席、厅长也没有这样的。这三位先生真算是革命党，他们没有一时一刻不是为抗战打算，不是为老百姓打算，这真是爱国爱民的模范人物。我在这里看军队，又看阵地，把这阵地仔细看一看。花钱真不少，都不顶用，有的死角太大，有的目标太暴露，有的里边尽是水，不能进去人。我想，无论有多深的水，我应当进去看看。好，到了炮垒里头，存的水深过了我的腰，若是一个矮一点儿的炮兵，想是一定过了他的鼻子了。这怎么叫阵地呢？后来，过了有半年，听说办这个事的人是一个姓蔡的，叫蔡继伦，湖北人，也是陆大毕业，是刘菊村的亲戚，被人告发了。他把国家给的款项都装了腰包，后来由军法人员问实了枪决的。这个人一九二七年（民国十六年）就惹过一回大祸。那时他假借着国民军的名义，把江西督军方本仁在汉口公馆里的一切东西都给抄没了。

事前我一点儿都不知道，后来方本仁见了我的面，把这话告诉我，我才知道的。本要重办他，不晓得他跑到哪里去了。后来，北伐完全成功，陆大成立特别班，刘菊村就偷偷地把他介绍到特别班去了。我叫人去捉他，陆大的同学们还不满意这件事。假若那时候把他退了学，或者他不能担任宜昌的什么工程司令，也不至于把阵地都做坏了，更不至于有人告发他，他也就不至于死了。所以说“姑息养奸”，这是一点儿不假。若说公道话，并不是刻薄，蔡继伦的命，就是刘菊村过于姑息，把他给害了。为国家留意人才，实在应当注意他忠诚、正直、勇敢、信义，否则那结果是非坏事不可。我看见过许多有才的人，他不务正道，到后来把国也害了，把人民也害了，并且把他自己也害了。

我到江南岸看了几天队伍，张之江先生也来了，他是自告奋勇愿意跟着我到各地督练军队，还有刘允丞先生也跟着一路来了。在南岸看军队还是那一套，先问《国仇问答》，再问《救国问答》，再问《官长爱国十问》。有十几个官长，每顿吃饭的时候跟我一块儿吃，都是我预备的。他们给预备的东西。我一点儿也不要，并且我领着他们唱了《吃饭歌》。现在我把这《吃饭歌》写在这里：

《吃饭歌》

这些饮食，人民血汗。

救国救民，不忘每饭。

日本强盗，全国之敌。

我们应当，拼命血战！

在这里看他们做一营的攻击办法，连尖兵出发等等的事，一层一层地看。有的很好，有的差一点儿，大致还算不错。有一天，看他们的单人战斗，都是些官长和班长，他们在利用地物的时候不大明确。有一个考得最好的，是在他们训练班里毕业的，我给他指了一个目标叫他利用地物，他却在坟头左边利用，奇怪不奇怪？我不明白他怎么考的第一呢？我给他改正，又给他细细地讲了一会儿，领着他们唱了几首歌。我看见一桩事使人不放心，就是军队的政治工作，一点儿也看不出精神在哪里。将来军队的政治工作必须改革，不然养了一大堆人，一点儿事不做，怎么对得住国家呢？听说好的也有，可是我没看见。

我们又到沙市去看一看，因为有命令给我，叫我察考检阅沿江各地的要塞。到了沙市，把各处的炮台看一看，跟宜昌一样的坏。这都是姓蔡的办的，枪决他真是应该的。一个人不诚实，不尽自己的责任，不自己察考自己，那怎么能做出好事呢？这个姓蔡的就是这样的人，自高自大，不诚实，好弄钱。结果得的是什么？枪决！并且耽误了国家大事。

在沙市看见王修身师长，他们这一师人精诚团结，勇往直前。自开仗以来，可以说是为国家牺牲最多、出力最大的一师人。我在这里夸奖了他们一会儿，官兵们都很高兴。后来听人说，我在这里讲话，还有人去报告，造了好多谣言，这些特务真是害人不浅！

在这沙市公园旁边，不很远的地方有一个楚国的宰相孙叔敖（即芀敖）的墓，前头还有一个碑。我对孙叔敖这个人非常佩服，他不但是廉洁，而且谋国忠诚。他死了之后，他的儿子就上山打柴。若不是优孟对着楚王唱了“廉吏可为而不可为”的歌，他那后人恐怕免不了要讨饭。

旁边还有一个楼阁，人们都说这是关公读《春秋》的阁，所以叫春秋阁。当然是坏过多少次又修理的。一文一武，孙叔敖和关夫子，真可说是圣贤。假如地方上把这两件事大大地宣扬起来，叫民众喜欢来，喜欢看，一看就懂得，拿着这类模范人物来教育国民，那够多么好！若再把他们两位的小传编得详详细细，都是白话文，低价卖出去，凡来游览的都可得到一本，可以说这个力量大极了，可惜就是没有人办。

我从这里回到宜昌，又在这个地方讲了几天“抗战哲学”和“打胜仗的方法”。有一天，宋某对我说，先生讲的《孙子兵书》上“视卒如婴儿，可与之赴深溪，视卒如爱子，可与之俱死”，《孙子兵书》上没有这话，他说他在泰山给高级班讲过《孙子兵书》。我赶紧把《孙子兵书》找出来，翻出指给他看。真有这两句，他没有话说了。我说，你还是陆大毕业的，不但不肯看书，更不肯读书，还好瞎说，这样你怎么还能教人？如何能为人师呢？把他说了几句，他笑着说真是没看见。

我心里想：不只是别人不了解我，就是我的学生，他也以为我是个“丘八”，说出话来，大概都是杜撰。他们不知道我在前四十年就把《孙子兵书》读了个烂熟，他们更想不到我的带兵方法，都是本着先圣先贤的教育来的。这样，他们如何不时时刻刻地、摇摇摆摆地跟风飘着一样乱动呢？他们不会有坚定的信仰，也就在这上头。

有一天，在宜昌的一个大礼堂里讲了话，到的人很不少。我讲的还是非抗战到底不可的理由，详详细细地跟大家讲了。我觉得这一次讲话，有许多人大受感动。我特别指出宜昌是最前线，你们若稍微一大意，敌人就来到了，说了又说，可以说是叮咛又叮咛。

我同刘允丞先生和张之江先生及一切督练的文武人员向重庆来，预先打了电报，叫他们把大汽车、小汽车都开到朝天门码头上等着。船一靠岸，我下来就上了车。也不过三五分钟，敌人的飞机就到了。我到了巴县中学的楼上，听到说三十几架飞机就在朝天门码头轰炸，死了几百人。那个船因为开到别处去了没受伤，接我的一辆大汽车跑得很快，把些个案板、勺子都掉到路上。要不是有准备，这一次一定有很多朋友要遇危险的，这真是一件侥幸的事。

在重庆住了几天，就到贵州去督练九十九军。过桐梓的时候，那里的一位县长叫孔福民，山东人，在地方上办得很好，能吃苦耐劳，能与大家同甘共苦。我上次过此地时，曾打电报给蒋先生保举他，后来蒋先生明令嘉奖了他。

我到了遵义，正赶上有九位青年从上海来，要到重庆去。车站上检查他们带着几本新书，便说他们是共产党，押起来了。他们托人来找我，说绝不是共产党，他们都是爱国的青年。我听了这话，派人去说，结果县党部就把他们押到省城的党部里去了。

我到了贵阳督练九十九军，据军长跟我说，他这一军人分住了二百几十处。这还怎么督练呢？每天能集合的人，多则不过三四百人，就勉勉强强地训练他们。看那个光景，实在是不能打仗。兵是好的，官是好的，可是不能集合，不能训练，这还有什么用呢？我还是每天上午训练完了队伍，就在野外吃午饭。午饭以后，又接着督练。真是大敌当前，若不赶紧训练，敌人来了怎么办！有一天，十月二十三日，是首都革命纪念日，李协和先生也来了。我讲起十三年前首都革命的事和第一次国民军会议的事，黄膺白当总理，李协和当参谋总长，李晓园当陆军部长。就是这天午饭的时候，同九十九军的营长以上的官长会餐，一饭一菜一个汤，他们觉得很稀奇，可是李协和先生觉得特别有意思。

在这里，住在北城的一个什么地方，是三层楼。有一天，谷某忽然来了，他还领着三个同学，说是在哪个训练班毕业的，他们要到重庆去，没有路费找我帮忙。我说："好，你们搬到这里来吧！"哪晓得他们四个人都长了一身的疥疮，我又叫医士找了朱式如在三层楼上生着火给他们搓疥疮，一二十天才给他们治好。后来，谷某跟张自忠将军去了，因为看着他父亲的面子，给他补了个排长。哪晓得他不愿意干，开小差跑了。各处窜了一阵子，又跑到重庆来见我。我说："你是逃官，应当捉住你枪决。"就把他吓跑了。这几年没听见信，忽然看见报纸上说，他在什么"停战小组"当中校代表。那我明白了，他已加入那里头做那个去了。急了嘛，没有路走，到哪里人家都不要，做什么呢，只可干那个。

为了国防，为了防备损害我们国家权利，这种人员也不能不要。可以换一个名字，更重要的是他管的什么事，权限有多大，应当有个明确的规定，不能像今天这个样子，哪里都有他们，任何事情都管，人人都不敢说话，这够多么危险哪！我想美国、英国绝不是这个样子。

可是，这个娃娃当了排长开小差跑了，几蹦几跳当了中校，又跑到三人小组里头去当代表，这可以说一步登天。无怪乎青年人不走正道，要乱来，越乱来越有办法，越乱来越有用，并且有人重用。也许有人说这就叫革命吧！真是可怜到万分了。

说到那四个人长疥，经朱式如给他们烤，给他们搓，方才治好，可见军队里头离不开医药。为什么他们在一个训练班里会长了疥疮呢？由此就可知道，说大话下命令很有办法，临到做实事了，就没办法了。这糟糕不糟糕？！

这一天是三十，晚上有人来告诉我说，我在遵义救济的几位青年，在贵阳的省党部里，正在大哭，并且要自杀。他们在那里到底犯了什么罪了？我听了这话，就托人去说，后来把他们保出来，同我一路到重庆来。我记得这里头有一个跟张自忠将军去当排长，打仗的时候阵亡了，这真是民族英雄。还有一个到了湖北省政府，后来又到行政院做事，是位姓严名钦亮的。还有一个叫王方绥的，到了《民主报》里去做事。这些青年真是国家的瑰宝，他们真是有用的人。在遵义的车站上把他们扣起来，这种做法是哪条法令上规定的？这完全是胡乱行为。给政府挣骂名，给蒋先生挣冤枉，一点点益处都没有。再说一句，蒋先生绝不会知道这回事，政府绝没有叫他们这么做，他们偏要这么做，这些人不是活见鬼了吗？奇怪不奇怪？！

我在贵阳，有一天吴主席（指吴鼎昌）请客，我记得吃的是涮羊肉，一人一个炉子，一人一个锅，很讲究，吃得很好。他那回招待我，因为是太特别，所以永远忘不了。吴先生是一位银行家，他们讲究吃，有些个新的方法，使你永远不能忘记，一个是没有这样享受过，一个是觉着有点太过。按着中国的道理说呢，自奉要俭，待人要丰，这不是没有道理的。

就是这一年的三月里，敌人开始来攻襄樊，一拉一推，在襄樊一带血战。本来日本鬼子有自知之明，对王耀武、薛岳、张自忠、刘汝明带的队伍，都是躲避着，不敢打他们，调查得很清楚。遇见别的队伍，就拼命地打；有时候不用打，那些队伍就溃退了。这一次在襄樊，遇见了张自忠将军，果然是一场激烈的血战，几进几出，打得日本鬼子晕头转向，双方死的人太多了。最后日本鬼子向回跑，把我们的军队截成两段，因为张自忠将军正带着一支最勇敢的不怕死的军队，冲击敌人的后背，而敌人的先头部队又冲到后边来。这一次敌军有一排人，在一个小山头的下边，上了刺刀冲击我们小山头上的队伍。几十分钟后，我们军队的一排人果然被他们冲下来了。张自忠将军就叫这一排人再反攻，又把敌人冲击下去。当然敌我都有很大的死伤。为了这个小山头是五出五进，两边对着增加人，对着冲击，最后我们的一排人占了那个山头。这一次敌人挑了三个班长，一个官长带着，拿着上了刺刀的枪，从一翼绕道冲到我们这一排阵地里头，打起交手仗来了。这次白刃战，张自忠将军是亲眼看见的，张克侠将军也是亲眼看见的。他们两个对我说，我们官兵的体力太不如人家了，平素营养太不够，身体不健康，一打起交手仗来，人虽多，还是打不过人家，这真是要我们赶紧觉悟的一件重大事情！

又一次，张自忠将军也是冲入敌阵，截断敌人的归路。他临过襄江的时候，就写了绝命书给他的朋友们说，一个是打胜仗，一个是死，若打了胜仗就喜喜欢欢地回来，若不打胜仗，就至死也不回来。这种硬骨头精神是可贵的，他的主意是早就打算好了的。

果然，五月十六日日那一天，他受伤不退却。因为他受了伤，参谋、副官都要把他抬下来，他把手枪拔出来说：

“谁要抬我，我就打死谁。我食人民脂膏，信仰三民主义，要对得住国家，对得住先烈，只有死在这里，一步也不能退后。”

果然，他又受了敌人的机关枪扫射，真是天昏地暗，鬼哭神嚎，张将军就是这样壮烈牺牲了。这是最悲惨的一天，同他一块阵亡的还有许多人。

我在陈家桥得到了这个消息，马上作了一首长诗，那是一面哭一面写的《张自忠将军》。李德全、张公干都在院子里，至今想起来还是哀痛万分。不久就托了老舍、吴组缃两位先生，还有别的朋友写了一出话剧、一本小传及其他纪念文章。后来，因为出主意的人太多，把一些愿尽义务要写的人得罪了，只是把话剧写成了。那是老舍先生的笔墨，我记得那时正是伏天，老舍脱了个光膀子，汗不停地流，笔不停地在那里写。我说：

“老舍先生你可以歇一歇，太热了。”

老舍说：“张自忠将军为国家流血，献上他的生命，我们就不能为张将军流汗献上身体吗？越热越写，什么都不怕！”

由此可见，老舍先生的热忱和正义感多么值得佩服！

10

重庆见闻

这个时候，卫长官立煌在洛阳，大家都知道他是主张精诚团结、一致努力抗日的人。可是有许多特别的事情发生，多亏了他始终一贯的主张，到底没有分裂。这一点，他自己固然吃了大亏，而全国的老百姓和整个的国家，真算是得福不浅。

鹿瑞伯从前方回来，同余心清几位朋友到陈家桥见我，说：

“河北省真是穷困到万分，假若是有钱或者是有兵，绝不会成这个样子。此后说话该当怎么说法呢？请先生指教。”

我说：“蒋先生是拿着三民主义来抗日救国的，他绝不愿意把某人当作仇敌。我们呢？为了三民主义，为了收复失地，应当拥护蒋先生这个主张，凡能忍耐过去的，我们绝不能把他当作敌人。况且大敌当前，我们更应当看到远处大处，应当把国内的同胞化敌为友，不应当叫日本鬼子笑话我们，这样我们说话就有了准则。换一句话说，就是全国同胞都是兄弟手足，我们要一致地雪国耻收失地，什么谁对谁不对，都是自己的同胞，我们应当原谅和忍耐。”

有了这一次的谈话，朋友们都清楚必须这样才算是明大义、识大体、顾大局。不久就开了五中全会，在会场里就有人找鹿先生报告河北的情形。鹿先生说，不用报告，大家都知道。有人说，我知道你为什么不报告，有人压着你，你不敢报告。鹿先生没哼，我也没哼。

有一天，张某在会场里说，共产党无缘无故地在三民主义上头加了“革命的”三个字，共产党怎么可恶。我就找来了一本《建国大纲》，总理写的，给张某看。我说：

“你看这不是清清楚楚地写着吗？‘国民政府本革命之三民主义，五权宪法，以建设中华民国’”。

张某一看说：“我没见过这本书。”

由此可见，我们党里的朋友马虎到什么样子了，可怜到什么样子了！这不是糊涂是什么呢？

又有一天，这位先生在大会上说：“我们中央委员会里赞成共产党的不少。”并且说，“总裁左右共产党也不少。”

蒋先生说：“你替共产党做工作，你自己不知道。依你说咱们这中央委员里就有些共产党，那么咱们就你防备我、我防备你，自己不闹起来了吗？你说我左右就有共产党，那我也不要睡觉了，尽防备吧！这样一来，我们自己也打起来了，共产党还不喜欢吗？你这不是替共产党做工作是什么呢？”

蒋先生又说：“我告诉你，总理活着的时候，你就阻碍着他。不然，总理的成就比今天大得多。你今天又故意地来阻碍我，我看你就是破坏革命。总理开除过你，我姓蒋的替你求过情，这是大家都知道的。你的一言一行完全是破坏抗战，完全是破坏团结，你这个样子就不成！”越说越火，拍起桌子来了。

这位张先生站起来说：“总裁，我以后再也不说话了，好不好？”

蒋先生说：“你不配说话，你不配说话！”

我看他俩闹得不能下台，我说：

“总裁说的这话应当说，张先生也应该接受。你那一天说有人压着鹿瑞伯，什么意思呢？在一九二四年（民国十三年）的时候，我在旃檀寺住着，把宣统赶走，张先生来了，一进大门就喊：‘给焕章先生磕八个头。’我说：‘算了吧，算了吧！’因为你说过基督徒不能革命，不配革命，你还记得这件事吗？要记得那回事，不要瞎疑惑人。疑惑这个，疑惑那个，对己对人都不好！”

张先生说：“对了，对了。”

那天晚上，在嘉陵宾馆有个大宴会，蒋先生见了张先生说了几句客气话，就算完了。

这件事，看着关系不大，实在关系太大了。假如，不是蒋先生把这位张先生大教训一顿的话，那团结一定破裂了。这一段事与抗战很有关系，所以我把它也记在这里。

这个时候，日本人的轰炸越来越厉害。我记得那是七月六日，一连几天，把巴县中学周围许多人家的房子都炸平了。我住的巴县中学几十间大楼一夜都炸得平平的。那一天，我正在歌乐山云顶路五号，站在院子里就可以看到重庆的火有几百处，有几十丈高，通红，黑烟，白烟，各色各样的。第二天一早，刘致钧副官来报告说，巴县中学的房子都烧光了，所有的书籍、行李、箱子、沙发、文卷，什么都烧没有了。我问：

“伤人没有？”

他说：“没有，人们都在洞里了。”

我说：“只要没有伤人就好了，东西算得了什么？”

在重庆周围有许多防空洞都是石头的，有的几十丈厚，薄的也有一两丈厚。这个地方防空洞算是再好没有了。也有一次大隧道里出了岔子，有人说死了三千，有人说死了八百，还有说更多的，大概都是因为那个门销上的关系。实在是洞不应当太大，最多容二百人或几十个人为最好，尤其是不应当锁门、关门、插门，门若不插不锁，绝不至于死那么些人。这回死的人，简直说是太冤枉了。就在这几天里，三十六军和九十九军都开到云南去打仗。听说到了前线，一打就垮了，死的人还不少。结果呢？三十六军军长江纯撤职查办，队号取消，永不许再有这个队号。九十九军军长也撤了职，这真算是不幸而言中。早就知道，不打仗还可以马马虎虎地混饭吃，若有一天开上前方去打仗，一定是失地辱国，将官把士兵的命送了，士兵把将官的命送了。平素里，大官不管小官，小官不管士兵，可以说他们是“爹死娘嫁人，个人管个人”。稍微有点军事常识的人都知道，这哪是带兵的法子？他们是不管病人的，一连人住到哪里，团长都不知道。说到练兵，入伍快一年了，还不会定标尺，不会目测距离。而且官兵的生活，彼此相差太远，那怎么会有精诚团结的精神呢？仔细看起来，有的地方跟北洋军阀带兵的办法没有什么分别，或者比那个还坏，这有多么痛心啊！实在太不像话了。这并不是到坏了的时候才说的，在未打仗以前，早就看准了它，一定有这一天。最坏的是你跟谁说谁也不听。大敌当前，还在那里儿戏国事，这怎么得了呢？想起来惭愧到万分，难过到万分！

我见过新组成的军队，装备很整齐，到前方一打仗，就散了。因为大官不认识小官，小官也不认识士兵，都是暴发户。新成立起来的队伍，一点儿历史的关系都没有。人本是有感情的动物，弄得毫无感情之可言。能打仗的队伍也真不少，可是，三军缩成两军，两军缩成一军，四师缩成两师，两师缩成一师。总是把你缩而又缩。许多能打仗的官长，队伍一缩编，他们都闲起来了；那不能打仗的官长，反倒带了很多的兵，一打散了，钱弄到自己家里去了。不说别的，军毯一弄几千条偷出去卖，这还成什么话呢？看吧，一个公馆里都是三个兵五个兵，那师长和军长公馆里，就更不要说了。本来兵是管打仗的，不是管杂事的，现在把兵当作家丁用，这完全变成外行，不像带兵的人，不像学过军事学的人办的事。为什么会有这样子的坏情形呢？百思不得其解。我想，这是害蒋先生，害中华民国，害国民党，到哪里也不应当有这种坏办法。

有一次，我看见一些驮炮的牲口，瘦得真够得上说是“骨瘦如柴”。我不明白为什么带兵的人，会把国家的这些活动武器毁害到这么厉害。这得费多少钱才能买来？他们只为赚一点儿马乾就这样胡来，这不是跟中华民国作对吗?

不只是骡马瘦得要命，就是兵也是瘦得不得了，官也是没法子生活。如平素里逃个兵，一定要叫官长赔衣服，现在打仗了，三十、二十地跑，还要叫官长赔衣服，那他怎么赔得起呢?没有办法，官长也就跟着跑。这样一来，军队就没有法子控制。况且官长们都有些家眷，也是一样逃难到后方来，赔上两三套服装，他就不能生活了，何况是多了呢!

有人从前方来报告从前庞炳勋守临沂的事。张自忠将军在徐州以南向南打，先打退了日本人，又奉命去援助滕县，还没有到滕县，又叫他去援助临沂。他在临沂城外给敌人一个侧面攻击，打得日本鬼子落花流水。这一仗是张自忠将军和张克侠将军、冯治安将军，还有刘振三师长等所获得的最有价值的一次大胜利。自“七七”开仗以来，我们就没有打过什么真的胜仗，就是这一次，真算是把敌人打败了，真是敌人向后退却，我们追击了。日本人自己也承认，到中国以来是第一次打败仗。我过去也听说过这话，可是到现在才有人指着地图详详细细地跟我说了，我才敢信。并且，陈天秩把徐州以南作战的情形，也给说得很清楚。我看，军队与将领的关系太大了。张自忠不回军队的时候，他这一军人精神很不振作，他一回，军队就活起来了，真有“战必胜，攻必克，守必固”的十足的精神了。

我在石板场住着，有一天，有位云南人姓曾的(指曾万钟)来见我。因为他是协和先生的学生，他知道我跟协和先生是莫逆之交。他在太行山当总司令，指挥着二三十万人，因为失败了，到重庆来见蒋先生，报告实在的情形。哪晓得重庆的大官们对他说:

“你要向委员长一报告，他一着急就病了，那还得了!你千万不要说实话，你报告不得的。”

接着又一个大官说:“好，你要向委员长报告，把委员长急病了，那么谁领导抗战呢?若没有人领导抗战了，中国不亡了吗?你这小子要亡中国，我非拿手枪打你不可，你敢去报告?!”

这样一来，这位曾先生就不敢去报告了。他很难过地来到石板场找我，对我说，他在太行山上，一万人中要有三千五百人到黄河边上去抬粮，还有二千五百人去遍地里拾柴火，还有病号。这样一来，一万人只有三千人能去打仗，十万人呢，只有三万人打仗，他指挥三十万人，只能出九万人打仗。中央分配他的战线是三十万人的战线，这样一来，空隙怎么不大呢？他又说，应当给他三千夫子的，只给他二百个囚犯，这怎么能运东西呢？又说，应当给他四百多匹骡马驮东西，结果是一匹都不给，叫他怎么打仗呢？越说他越难过，他说最难过的是有话不准说。他说这个毛病，若不真正改革，恐怕没有法子再作战了。我听了他这话，真气坏了。我见了蒋先生，把这话对蒋先生当面说过了。后来，我还给蒋先生写过一封信，也是说的这件事。平心静气地来想想，我们的军事是坏到什么地步了？！最主要的是蒙蔽蒋先生，哄骗蒋先生，这种蒙蔽欺骗的结果是亡国的悲剧。

十分的万幸，是日本的少壮派发动了“二二五”“五一五”两次刺杀事件，把些老成的稳重的人，杀的杀了，赶的赶了。这些少壮派袭击了珍珠港，惹来了美国的军队，我们才能得到胜利。不然的话，就凭我们这个军事，那真是万分之一的希望都没有。因为蒋先生的眼被他们用手遮住了，什么也看不清楚，那如何不坏事呢？

这里的国防最高会议，也算是一个重要的机关。蒋先生向来是不出席的，大概是规定好的，总是孔庸之先生替他主持。这一天，军事外交报告完了，姓何的（指何应钦）起来报告说：

“重庆这个地方要暴动，主持的人就是沈钧儒、沙千里、邹韬奋。”

看那光景既紧张又严重，不像说着玩的样子。我就站起来说：

“这是谣言，不要自己吓唬自己。沈先生那么大年岁，他除了有一支笔以外，什么也没有，他拿什么暴动？邹韬奋和沙千里也都是拿笔杆的，他们凭什么暴动？”

我说完了这话，于右任没站起来就说：

“我们自己把自己的人都看成是靠不住的人，由疑惑而捉起来，由捉起来而打起来，这才是给日本人制造胜利呢！结果一定是日本人不要打我们，我们就完了。”

他说完了之后，孔庸之先生就东说说西说说，大概说的是不要自己疑惑自己。孔先生说完了之后，陈果夫先生把他那没有血色的、干枯了的蜡黄的脸向右一扭，脸朝着上，对着我的脸说：

“你别看不起沈钧儒那老头子，他糊里糊涂，共产党要给他准备好了，他一定会干的。”

我说：“沈钧儒先生不是国民党的老同志吗？我们听了这个话，是不是应该派一位同志去跟沈先生谈谈，问问有这回事没有。不然的话，能不能把沈老先生请了来，彼此谈一谈。若是什么都不说，我们就准备对付他，这是对同志之道吗？我们这不成了仇敌了吗？我觉得，我们对于同志不应当这样！”

我特别地声明一句：“我同沈钧儒先生是很好的朋友，若有人污蔑他、毁谤他，我都不能说几句真实的公正话，那以后谁还和我交朋友？谁不说话都可，我不能不说，我认为这完全是破坏抗战的人在这里制造谣言。”

这话说完了，何先生他们才说：“大概也许不确实吧！”

回来我就找了沈先生，告诉他今天会议上有这样一个报告，请他去找有关当局问一问，到底怎么回子事。后来，我听到沈钧儒先生说，他去找了何先生，说：

“你把我关起来完了。”

何先生回答说：“请回去，请回去，大概是谣言。”

拿这一件事情来说，这是国家大计，应当很慎重地、很严肃地、近乎情理地来研究讨论，不应该捕风捉影的，听见风就是雨，弄成天下本无事、庸人自扰之的内乱情形出来。拿着好人当坏人，拿着同志当仇敌，实在是太不应该了。

有一位朋友姓许，他在陆军大学当政治教官，是少将阶级，跟李协和先生是同乡，是很诚实、很公道的一个人。他对我说，他在一个训练团里，也当政治教官。有人告发了学生，说某人是共产党，说某人是救国会，又说某人是汉奸。实在说起来，就是叫年轻的孩子当特务，每天每星期，都要作报告，有报告就有奖金，没有报告还要受罚。这样一来，就无中生有。一天捉住了一个学生，说他是汉奸，是汪精卫打发来的。这个学生说，我是不愿意当汉奸才来的，并且是我老人叫我来的，叫我为抗日牺牲性命，报效祖国的，我怎么能当汉奸呢？结果还是不成，拿火筷子烫，拿针扎，用种种的刑罚。逼得没有办法了，这个学生就说："我都承认了完了，我是汉奸。"说他姨母给他的信，都是些暗号，说他还有个无线电，他也承认了。无线电放在哪里了呢？扔到江里了。没有一点儿凭据还不成，到底他找着了一个铁圈，他说这就是凭据。这样一来，几天的工夫，就捉了六百几十个学生，都关起来了，并严刑拷打。青年孩子的火性高，他情愿死，也不愿意受这个罪。有个姓桂的（指桂永清）问他：

"你为什么要暴动？"

学生说："为了要杀人。"

桂问他："你们要杀谁？"

学生说："杀你！杀你这个害民贼！"

桂把眼一遮说："推出去枪决！"

就把一二十个人都枪决掉了。大概是这些青年的家长们写信给蒋先生，说我们的孩子跟你学习抗日，你把他们枪决了，他们犯了什么罪？你必须公布，不公布我们要到法庭里告你。这样，蒋先生才派了许多法官去审问。本来都是无中生有的事，就审到那个有铁圈的、把无线电扔到江里去的孩子。经过法官再三地问，他才说：

"拿火筷子烫的，我没法子了，才瞎说的。"

法官问他："那么你这个铁圈从哪来的呢？"

他说："非跟我要证据不可，我没办法了，把站岗的钟表上的一个圈给拿来了。"

“那么那钟表搁在哪里呢？”法官问他。

他说：“把钟表扔在粪坑里了。”

马上又动工，把粪一点一点都掏出来，果然把个破钟表找出来了。都问明白了，所有这六百多个年轻的学生，全是冤屈，就放他们出来。这些青年说：

“我们不出去！我们到底犯了什么罪了，拿火筷子烫我们，拿针扎我们，拿刀子割我们的肉？”

闹僵起来了，没办法了，派了张文伯去给学生们赔罪。说了一次不行，两次不行，到第三天，那些学生才哭着出来了。后来蒋先生把那个负责人派到德国去了。

拿这件事情来说，我们看见那个刀杀人，我们都知道，不能把个刀拿过来砸毁了就算完了，应当问问到底是谁拿着那个刀来杀的人！三尺的孩子，都能懂得这个道理。这件事应该谁负责任呢？这绝不能怪桂某一个人。

震动重庆及大后方人心的事，就是长沙大战。薛岳，号伯陵，是个有血性、有良心、有硬骨头的将官。日本鬼子快攻到长沙了，被他几路大包抄，把敌人打垮了。第二次长沙大战，又把敌人打垮了。这不但是有勇，要紧的还是有谋。薛岳将军真是一位谋勇兼备的将领，说起话来非常谨慎谦逊。他同张发奎将军早年都是跟着朱执信先生的，为了三民主义，受尽各种痛苦。到如今，有了报效国家的机会，他们真是只知为国，只知为民，什么危险全不怕。到第三次长沙大战，还是取得了大胜利。长沙胜败与全中国抗日都有绝大关系。确实说起来，薛伯陵先生为了抗战，是有极大的贡献。

张发奎先生，字向华，短小精干，不怕死不爱钱，尽说真话。可惜的是，拨给他的队伍多是彼此不相干的；跟他有关系的，就是他那几个参谋副官和传令员，这可怜不可怜！为什么这么办呢？结果，张向华将军有很大的力量使用不出来，他不怕死也白不怕死，他不爱钱也白不爱钱。所以，几次大战他想做出点儿贡献，但都不可能，就是这个缘故。这种防家贼的办法，实在不应该。

有一次在大会上，中央委员在休息室里休息的时候，庞炳勋站起来说话。他说看见报纸上满载着慰劳军队的事，听说是好多次了，可自开仗以来，他这个军就在最前线，打过许多次的血战，可是始终就没有受过一次慰劳，也没有一个人去慰问过。他一面说着，一面气愤，一面难过。他呼喊了一会儿，可一点儿反响都没有，没有一个人哼，好像是对着死人说话一样。后来，庞炳勋改变了作风。那不是他对不住国家，可以说是我们的国家、我们中央委员太对不起他，也对不起他们官兵，才闹出这样的事来。

我接到魏凤楼的信，知道他回到河南西华县他的原籍，带起他们本县的父老兄弟有五六千人，从周家口过了黄河，在淮阳以东袭击日本鬼子，打了一个月的血战。他受了重伤，他带的人死伤了一半。像这样的一位将领，不用国家的枪械，都是老百姓的武器，不用国家的粮饷，都是老百姓供给自己，这真算是义民，这真算是英雄豪杰、志士仁人。结果呢？打起仗来，子弹、粮饷，一点儿有力的援助都没有，呼天天不应，叫地地不灵，受了重伤还没有人问。我在中央这个地方替他呼喊，蒋先生发了五千块钱的医药费，并且要派飞机去接他到西南住医院。论功真是有功，应当把他的队伍编成师，编成军，才能鼓励别人。实际是什么情形呢？叫他的那些人吃不饱、穿不暖，还是个支队长，只是个游击司令。在后方一次仗没打过的人，不但编成师，并且还编成军呢！这怎么使人佩服呢？太不公平了！

来的人都说，孙良诚在河北跟日本鬼子打过许多的血战，后来到了山东，真应该编成军，应该给一个总司令的名义才对。实际上，饷不给他足，衣服不给他够，职务名义也是随随便便变个法子给他难过。先是听山东省主席沈鸿烈指挥，设一个分署在鲁西，那已经够对不过孙良诚了。后来，又把个分署取消掉，要叫一个专员指挥他，这样使他喘不出气来。他很能够跟日本鬼子打仗，逼他蹂躏他，使他一点儿办法也没有，把他的队伍编了又编。把孙良诚害成这个样，说实话是应当有人负责任，不应当就这么马马虎虎地算完事才对。

我确实知道赵寿山军长带的队伍，真是很能打仗，日本鬼子也很怕他。可是竟有特务造他的谣言，说长道短。他在黄河岸上做的堡垒，许多盟国的朋友看了都是钦佩到万分。美国的朋友说，这种堡垒比铁还坚固；英国的朋友说，这真是没法子攻克的阵地。工事做得这样好，阵地守得很久，敌人是不敢来的。忽然间把他调到后方，说是整理他的队伍，换了某人带的队伍去守那个阵地。哪晓得敌人来攻，几天就攻破了。黄河阵地一失，郑州就丢了。郑州一丢，豫南豫西全都动摇了。说起来真是痛心到万分！变了许多的方法，到底把赵寿山军长调开，叫他升了一个总司令，离开他的军队到凉州去住。这还不算，有一团人跟着他住，说是监视赵总司令的。电话有人监视着，通讯有人检查着。这样的一位有学识有胆量、忠国爱民的革命将领，硬把他搞得气都喘不出来，这是谁在这里作祟？可恨不可恨吧！我想全世界无论哪一国，也没有这样的糊涂办法！

我接到李兴中将军的信，说他由师长当了军长，后来又当了总司令。他在山西省和中条山跟日本鬼子打仗，有时候十天半月都不合一合眼，疲劳得骨瘦如柴。这个人品行端正，学有根底，带兵有许多方法，很能得兵心。他带的一万多人，这几年当中死的就有五六千。结果呢？当了总司令了，把他带的队伍拨给别人去带，把不认识的人归他带。我们中国人，有悠久的历史，但不是人人都受了教育的。实在不能无选择地学美国的方法，当然若是教育普及了，二三十年以后，也许能赶上美国人。现在马上按着人家的办法办，一定是费事很多，成效很少。国情不讲，人情不讲，人不是机器，乃是感情动物，这一点不讲究，不会不坏事的。

许多人来说，并且有人证明，前方的大人先生们，都在那里做生意。安徽、河南的边上有个地方叫界首，来往的都从那里过，本来是个小地方，不久就变成了一个小上海了。真是谁也想不到它怎么就那样繁华起来。做买卖的没有别的人，第一，是最大的军官；

第二，是最大的地方官。这样一来，真是“君子之德风，小人之德草”，都跟着学起做买卖来了。又加上普遍性的官兵吃不饱穿不暖，哪还有一点儿防备敌人来攻的意思呢？结果敌人一来，把河南的地方就丢了十分之六七。并且，因为军纪太坏，骚扰百姓，使百姓痛恨起来了，哪里还能打仗呢？常说的话，百姓帮忙功自成，百姓不但不帮忙，而且对军队都仇恨起来了，如何不坏啊？

有一次，从天水开到宝鸡，再由宝鸡开到青木关的军队，要上云南去。有一个熟人在那里当连长，他跟我说，他们从宝鸡这条路来，有的一连逃了三十几个，有的一连逃了二十几个，还有的连长、排长都一块跑了。又有的连上空缺太多，只好把枪捆成一束一束的，找百姓抬着。老百姓也是因为吃不饱，把抬的枪往嘉陵江里一扔就跑了。再找老百姓到嘉陵江里去捞枪，把枪捞上来了，水泡过的枪很容易长锈，锈得跟铁蛋一样。不只是这个，像士兵们实在吃不饱的情形就更厉害了。我一条一条地都问明白了之后，拿笔全都记下来。

有一天，在军事委员会大礼堂作纪念周，是我报告。那天到的人数最多了，蒋先生和何先生在场。我就把军队中困苦艰难的实在情形全都报告出来了。这样就有人恨得我入骨。他们派了人到青木关去叫那些兵签字，吃不饱也要说吃得饱，穿不暖也要说穿得暖，不签字不行。这样一来，他们是骗谁？骗蒋先生，骗了中华民国。听说那队伍到了云南，吃了很大的亏。就因为我这一次报告，再也不找我报告了。这一件事情，我并没有难过，我想有许多正人君子一定是气愤不平。说是黑暗黑暗，哪里也没有这种黑暗，不许说真话，不许说实话，这叫什么事情！我不懂。中华民国跟他们有什么仇呢？他们何苦要这样地坑害这个国家。

我住在歌乐山云顶路五号，这个地方很高，夏天凉快得很。有一天，苏联大使潘友新来看我，说到他们有三天三夜都没睡着觉，热得太厉害。我说：

“你们可以到我这里来住，这里凉快得很。”

他不肯，说："我来住，您到哪里住去？"

我说："前几天在李子坝，到东湖疗养分院去看病，看见每个屋子里都住的是苏联空军的官长。他们都是在柳州对日本空军作战受了伤，有的死了，有的伤还很重。你们苏联的朋友们，为我们中华民国的独立、自由、民主，不但在物质上帮忙，而且你们还流血牺牲，我就是把这几间房子让你们住，我受一点儿热，这又算什么呢？"

过了两天，费得林珂（时任苏联驻华大使馆一等秘书）先生来了，他说：

"对不住得很，就是要请先生让几间房子，我们这几天几夜都没有睡着觉。"

我说："好了，我马上就搬出去，请你们就搬来。"

我就搬到山底下一个小房子里住。潘友新大使他们把房子刷了之后，抬了大木桶来，他们就都搬上去了。有一天，蒋先生请吃饭，我对蒋先生说：

"您的左右应当有两位负责任的人，一位专为这些有艰难有困苦和疾病的老同志，替委员长送送礼，看望看望，帮帮忙，好在都是用的国家钱。再有一个，就是对于外国朋友，像苏联大使，他帮助我们抗战，他们热得白天黑夜睡不着，应该在南山或北山找些房子，抬些冰块送他们或者招待招待他们，都显着好。"

蒋先生说："嗨！你看我这里哪有这种人，我看就请你招待招待他们吧！花了钱你就来这里拿。房子我另派人去找。"

这样，我就在歌乐山预备了很丰厚的酒席，请潘大使他们许多苏联朋友一起吃过两顿饭。可是，我到底也没有上蒋先生那里要过钱。论我自己，犯不上招待他们，为了抗战，为了雪国耻，为了收复失地，我不能不尽我自己一点儿心力，招待这些帮助我们、为我们流血的朋友。

过了几个月，他们在南山又找着房子了，说是蒋先生派人找的。

潘大使就在南山请我们吃饭，他同我出来的时候，走到宪兵跟前把一支步枪拿过来给我看。他说：

“你看这是苏联的新步枪，比一九二五年（民国十四年）进步多了。您看看刺刀怎么样？枪栓怎么样？标尺怎么样？”

我仔细看了一会儿，觉得实在不错。这是因为武汉一退，把步枪丢得太多了，长枪很少，苏联把他们的最好的步枪送给我们很多。不但这个，这几个月从西北用汽车运来的野炮几百门，也是苏联送给我们的。当然将来还要给钱，可是在打了败仗的时候，能有朋友送给我们这些东西，这不能不说是太难得了。

就是这天，我们去看了红梅。这个山上满满的有千八百株红梅。真是像火山一样，幽香扑鼻，这种情形在别的地方还没有看见过呢！又到一位王先生纪念他们老太太的大楼上去看，真是大而无当，没有院墙，又没有配房，孤孤单单，看那样子起初桌凳什么的一定不少。可是现在，真是太冷落了，也许是没有什么计划盖的。

有钱的人有的是办法，假如把那个梅花种在重庆附近的一个地方，老百姓们都来看看不好吗？他不干。专种在山上头，自己看方便了，重庆的人要去看一看，以现在的价钱来说，没有六千块钱不能打来回的。这够多别扭吧！要说那个祠堂的话，若是在重庆附近办个大的图书馆，让老百姓们去看看书报，你看那够多好！他们为自己想可以，为大众想是绝不干的。我想：这是我们同胞们的一个顶大的缺点，恐怕也是知识太不够的原因吧？虽然这么说，我还是相信将来总有一天，大家都觉悟了，事事为人而不为己，那时世界的人民一定能够看得起我们。

11

青峨记游

蒋先生催着我出去走一走，我就请了假到成都，住在一个外国朋友密司莫耳家里。她是纽西兰（即新西兰）人，七十几岁的一个老姑娘，在宜昌传教有四十多年，专做帮助人的事。这位老人家真是努力不懈，爱人如己。她家里住过一个中国办外交的人，娶了一位英国女人，生了四个女儿。这个英国女人得病死了，这个中国男人就把第三、第四的两个小孩交给密司莫耳替他照顾着，小的八个月，大的两岁。那两个大的十岁的、八岁的就带到重庆。不料，这位中国男人在重庆得了白喉病死了。两个孩子就在重庆给了天主教堂了。两个小的就跟着密司莫耳，后来两个都在大学里毕了业。一个是嫁了民生公司的一个工程师，一个是嫁了一位大学毕业的医生，都有小孩，照的有相片。看外国人做的事，尤其是对于我们中国人所做的事，真算是爱人如己，没有法子不敬佩人家。他们所以能有这样的行为，全是受了基督教的感化。我确实觉得基督教是一个进步的宗教，并不是只拿着迷信来欺骗人。我问密司莫耳："你什么日子的生日？"她笑而不言。有一个人告诉我说：

"明天就是她的生日。"

我说："那很好，我要替我们中国人感谢您，要来给您做个寿日。"

我给她写了一副寿对，又把密司莫耳的朋友请了来，中国的外国的都有，两桌，还为她唱了贺寿的歌，给她写了许多的“寿”字，用红纸粘了满院子，看去是很热闹，朋友们都很高兴。

密司莫耳对于宜昌逃难来的人，她都特别地招待。她没有多少钱，还给他们炖了两大锅肉，请了一二百位逃难的宜昌人，来到她那里吃饭。说起来莫耳也是逃难来的，她还肯干这个事；我们中国人，大银行家、大资本家也不少，哪一个人肯请一桌穷人、两桌穷人来吃饭呢？何况一二百人呢？这都是基督教的精神。这位老姑娘七十多岁了，还教英文呢！好多军官学校的教官、学生都来跟她学英文。我看，我们中国人一到五十岁就说：“我老了，我老了！”还说：“我什么也不要了，我就有个好木头就得了。”柏木的不好，还要杉木的；杉木的又不好，还要楠木的；楠木的还嫌不好，还要阴沉木的；净板的还不好，要花板的；薄了的不好，还要厚的，厚了又厚，沉了又沉，抬的人都没法子抬。看看这老人家，眼看要八十了，还在那里教书，挣了钱净来帮助穷人。这样比一比，就知道我们该当怎么样了。

我到灌县去，在半路上一个茶馆里喝杯茶，见有几位四十多岁的人在那里洗脸，大家用一个脸盆，还是一块手帕子。有一位先生吐痰就吐了满地，我见有二尺见方那么一大块，就在屋子当中，这实在太不卫生了。我叫人到外头买了四个痰桶来，送给这个老板。茶馆的老板看了这四个痰桶，好像是莫名其妙。我告诉他说：

“这是不要钱的，白送给你的，盼望客人们吐痰吐在这痰桶里，不要吐在地下。”

半会儿他才明白。我想他一定被文武官和穿军衣的人们吓怕了，不然怎么会发愣呢？

我到了灌县，看了都江堰，工程真是伟大！这是秦朝时代的人民留下来的福利。到了二王庙，老道找我给他写门前的一个立匾，我就给他写了三个大字。到了青城山，这里有天师洞，当家的姓彭，是贵州人，为天师洞这个庙出了大力，把几幢大房都收拾得崭新。并且从山下边一直修到庙后头，一处处的尽是亭子，三角的、四角的、五角的、六角的，一直到八角的、十角的，一个一个都不同，有长的、圆的、方的，是用带皮的松树、柏树做柱子修成的，顶上都是树皮的，既雅致又美观。我问：

“老道，你怎么出的家？”

他说，他有一个表兄，比他大几岁，他那时候才十二三，表兄对他说：“在家里上学多难过，你把你爸爸柜子里的银子偷两个，咱们出去学仙去吧。”他就听了他表兄的话，把他爸爸的银子五十两一个的拿了两个，两个人偷着跑了。走到遵义这个地方，到了夜间，他这位表兄又把他这银子都偷跑了，光剩下他一个人。他有家不能回了，上哪里去呢？哭了一天，听说有个青城山，他就来这里，受尽了辛苦。后来书读得还不错，字写得也好，还会弹七弦琴。到第二次，我再到青城山，这彭老道已经死了。怎么死的呢？有人告诉我说，他喝药酒喝多了。酒这种东西就是毒，看吧，叶楚伧这人多好啊！生喝酒喝得去了两根肋条骨。记得我到合江县的时候，合江县的最好的秘书是喝酒喝死的。他喝茅台酒喝得太多了，一抽烟卷鼻子里就冒火，鼻子堵上就从嘴里冒火，嘴堵上就从耳朵里冒火，这位秘书先生就是这样烧死的。看这酒多么害人！我记得老舍先生割盲肠，大夫说：“你这胃向下移了四寸，都是因为喝酒喝的，若再喝酒，恐怕就要出危险了。”因此，老舍先生就把酒戒了。先贤说“后世必有以酒亡其国者”，我就说“后世必有很多以酒丧其身者”。我记得以前美国戒过酒的，不知道为什么又开了戒了。也许是因为偷着喝的人太多了。人家不承认自己杀自己，可是仔细考查起来，一百个里头，总有九十几个都是自杀的人，不过有用钢刀的，有用锡刀的，还有用木刀的。这样拿个大木头抹自己的脖子，当然一天两天死不了，日子长了，没有不死的。

彭老道找我写字，我给他写了一篇，后来他刻在石头上，刻得还不坏。他那里有一个老头石匠，刻字刻得细极了，那真有一种清净无为的精神，他真是不慌不忙。我到了后边大殿上，看见有个大匾是王铁珊先生写的“忠孝神仙”四个大字，写得很圆匀，很好。有一次我讲话，就是拿“忠孝神仙”四个字当题目的。彭老道对我说，王瑚王铁珊先生做灌县县长，有许多使老百姓永远不能忘的故事。有一次，一个人偷了人家一头牛，丢牛的人告到王大老爷那里，铁珊先生恐怕不容易破案，他就自己亲自下乡去私访，后来把牛找着了。他问偷牛的那个十八岁的小伙子：“为什么做贼偷牛呢？”小伙子说：“大老爷，你跟我去看一看，我的老母亲病得不能动，买药没有钱，我没有法子了，我才做贼偷牛。我只要有点法子，也不会做贼的。”一面说，一面哭。铁珊先生看他母亲实在病得不轻，就把这个牛还了那个牛主人，又对偷牛的小伙子说：“我给你二两银子，以后不许再做贼。”那个丢牛的主人就不愿意，非叫铁珊先生把那个偷牛的孩子治罪不可。铁珊先生说：“这个小伙子将来会成个好人的。”到了后来，这个小伙子很发奋，并且是勤苦耐劳，乡间的人都佩服他悔过自新。他到了三四十岁，尽做地方上的公益的事情，老百姓们都说，这是王大老爷成全出来的一个人。铁珊先生在这里做的好事，很多很多，我不写那么些，就写这一条，就知道其余的事了。有人说，清朝的县官是父母官，民国的县官是什么呢？应当是儿女官。父母官应当爱民如子。儿女官呢？应当孝民如父如母。说起来伤心得很，这些做儿女官的人，都跟败家子一样，不但是打爹骂娘，并且把父母赶出来，把家业侵吞了。

离天师洞不远的一个地方叫圆明寺，我到那里看到有吴先生、徐先生，还有美国的葛先生。他们有许多同道在那里翻译基督教的各种经典。这是一件很有价值的事情，我很佩服他们做的伟大的工作。同时见到章申、徐达道两位青年。他们俩说，他们要结婚，找我证婚。我说：

“很好，我愿意当这个差事！”我问他们，“你们在哪结婚？”

他们笑着说："还没有找到地方。"

我说："在庙里好不好？"

他们说："不成，因为老道同和尚都不愿意。"

我说："在树林里好不好？"

他们俩说："太不好看，恐怕人家笑话。"

我说："天师洞后边有省政府给林主席盖的别墅，我给你们借一借好不好？"

他们高兴极了。那个房子是新的，可是里边桌椅都没有。我在天师洞借了些桌子、椅子，找了些人搬了去，又给他们写"双喜"字，在房子里外贴满了。到了第二天，他们是十点钟结婚，许多外国朋友、中国朋友来了二三十位。徐宝谦先生赤着脚，穿着草鞋，打着雨伞来了。行完了礼，我还讲了几句话，后来在外面照了相。这两位青年都是很规矩、很热诚的。徐达道在上海医学院毕了业，当了医生。他的哥哥在甘肃做事，年轻人很认真，不知不觉间得罪了人，说是被特务刺死。徐达道因为这件事得了一种神经错乱的病，到如今好了没有还不知道，我是很惦念他们的。

我在天师洞住着，有一天，下山去赶场，走了五六里路，从后面来了一位六十多岁的老头，扛着一条扁担，问我说：

"先生在天师洞住吗？"

我说："是的！"

他说："听说我们与日本人打仗是不是？"

我说："是的！一点儿不错！"

他说："在日本国里打呀，是在我们国里打？"

我说："日本鬼子到了宜昌，你怎么还问在哪里打？"

他说："听说我们有一位蒋委员长指挥军队打仗是不是？"

我说："是的。"

他说："蒋委员长在上海指挥呀，还是在北平指挥呢？"

我说："他在重庆哟。"

老头说："重庆离上海不远吧？"

我说："离内江不远！"

他还问了许多话。我觉得老先生很好打听点儿国家事情，可是我们真惭愧极了。我们有宣传部，有内政部，有教育部，我们做的什么事？吃的是百姓的，喝的是百姓的，我们不把老百姓应该知道的事告诉他们，这算是太对不住人。自己摸摸良心问一问，一定觉着不安。

我到了上清宫看一看，也是正在修建。蒋先生在那里写了三个大字叫"上清宫"。老道找我给他写几个字，我给他写了一副对联，他就刻在门口石头上。在这里我见到了章嘉呼图克图，他的庙本来在多伦，他现在是中央委员。他是四个活佛中的最末的一位，头一位是达赖，第二位是班禅，第三位是外蒙的哲不尊班巴，第四位就是章嘉呼图克图了，他们算是喇嘛教里地位很高的人物。这位先生看上去很通达事物，每天除了念经以外，便是拜佛。这就是中华民国的伟大——有革命党，有无神派，有大喇嘛，有活佛，有资本家，有劳苦大众，无一不有，这才叫作社会。读书的人总想把社会弄得同刀裁一样的整齐，实在说来，没有这回事。世界上的事多了，有好吃甜的，有好吃酸的，谁也不能掐住谁的脖子，硬叫他做什么，那是不成功的。硬来的人只有墨索里尼、希特勒和日本的少壮派，结果，把人民害死了许多，把国家也给弄亡了。谁想走他们的老路子，谁就一定倒霉到底。

天师洞下边山口外面，有一个大庙，是范长生祠。这个老先生真是一个忠贞的模范人物。刘备和诸葛亮在成都的时候，请他到成都去，他不去，愿意在山里读书。后来邓艾他们来了，占了成都，阿斗投降，蜀汉亡了。在这个时候，范先生就带着许多游击队同邓艾他们打，打了很久，所有成都这方面的好人和思汉的人们都到灌县青城山这一带来了，他们的口号是"至死不投降"。邓艾见了没办法，他就同范先生划界为守，谁也不犯谁。有人问范先生："为什么刘备找你做官你不去，他们亡了，你倒替他们打起来了？”范先生说：“不做人家的官，要替他打抱不平，这才算是人。若是非做官不可的人，那他也未必敢同敌人抗到底。我们这些游击队就是不要官不要名，愿尽为人的本分。”那个时候，范先生已经七十多岁，须发皆白了，尚且有这样高尚坚决的主张，真是我们后辈人的好模范。

都江堰是秦朝姓李的父子俩做成的，这李冰的大名谁都知道，可惜的，他们起名叫大王庙和二王庙，似乎是不大妥，乍一听好像是兄弟俩一样，若叫老王、少王似乎是好一点儿。这里有一道竹索桥，是由碗口粗细的竹索几十道在两岸拉紧，上面铺上木板，走起来，当然是摇摇晃晃，可是抬滑竿的、背柴的，来来往往的人们络绎不绝，在北方和别的地方没有看见过。这种完全国货做成的大桥，假若有专门家，有些富裕的钱财，一定会把它改良又改良，做到很稳固而又很保险的程度。

由青城山到二王庙，路不过几十里，大庙小庙很多，许多神话、许多迷信的话，叫有知识的人听见，真是把大牙笑掉。

在这里不断地看见背背篓的和走路的人，像藏族同胞的打扮，帽子、鞋子和穿的衣服都同西藏同胞一样。假如在这些地方设几个很好的机关招待他们，或者教育他们，用种种法子帮忙他们，只要是用人得当，我想一定办得很好。这些地方，是做这些事情的最好地方，怕是有许多人没有注意这件事。现在若是下手做呢，还算不晚。

对于西藏的办法，我们是沿袭清朝的办法来的。那个办法，当然同三民主义的办法差得很远。清朝的办法注重在几个活佛和王公身上，他们不注重民众。三民主义的办法，乃是以人民为主的，是以大多数民众、农工大众为主的。两个相比，一个是为少数的人享受快乐，而奴役大众的；另一个呢，是以大多数人的幸福为主要目的，而不是为个人的。我们今天对于这一点，可说是一点儿也没做，可惜！可惜！这里摆着这样一个好地方，很可以来实验实验，这个机会千万不要再失掉过去。

听说禹王的家距这里不甚远，于右任先生还到那里看过。有些人乱搬弄自己有学问，硬说大禹不是个人，是个什么虫子，这真是任意毁谤。不论对不对，只要他能乱说，就有人信，这不是倒霉是什么。中国人这些年来，实在是正在倒这个霉。圣经贤传上有根据的东西，硬设法子说它胡说，这样一来，他就算是言人之所不敢言，道人之所不敢道，他算有了新发明新发现了，这不是怪事是什么呢？

在灌县见着一位梁先生，叫梁仲华，河南人，他是专办乡村教育的。他同我谈到王铁珊先生，很是佩服他。他又说到一位焦先生，是山东人，也是一位翰林。他从山东到北平赶考的时候，都是替别的赶考人推车子，坐车子的人没有考中，推车子的人反倒考中了。后来他到陕西来到任，又是推着车子，一边放着行李，一边坐着他的太太。到了长安东门，把城门的人不让他进去，说："你这逃难的人，应当在城外住，不要进城！"焦先生说："我是来到任的，不是难民。"把门人验了他的凭据，才准他进城。到了城里头报了到，又因为应酬不好，很久他才弄到了一个潼关厅，真是够冤枉了他。这一年正赶上大旱，他报告上去，请求放赈，几次都被驳回来，说是还不到时候。他看到百姓渐渐撑持不住，就不顾一切地开仓放起赈来。他说丢官就丢官，被参就被参，只要百姓都活着，自己什么都不怕，命也不要了。他坐在仓门口，三升五升地眼瞅着放，救那些真正穷苦的。这两个月的工夫，救活了许多百姓。后来他得了重病死了，没有钱买棺材，百姓们来了几千，替他买了棺材，发送了他，还不算，又给他盖了一个焦公祠。这样的不怕死而为百姓谋福利的官吏，民国以来有几个？不说太少，恐怕就没有。

我听了梁先生这些话，对于这位焦先生真是佩服到万分。这位焦先生的祠堂，真是应当好好地保护，好好地修理，并且应当把这段事实写得清清楚楚，刻在碑上，好让老百姓们永远不忘他的大恩大德，文武官吏看了也可以作他们大家的一面好镜子。

又同梁先生谈到安徽孙家鼐中状元的一个故事。他的老师叫苗沛霖，是蒙城县的。他中了状元回到家里，要请老师吃饭，请了本府的府官、本县的县官作陪客。客到齐了，孙家鼐就请老师坐上座。老师不肯，说：“有知府在这里，自己不敢坐上座。”这位老师就同这位知府大人互推互让起来。很久的工夫，县官就在旁边说话了：“还是府台大人坐上座好。”一面用手指着这位老师说，“他怎么能坐上座呢？”说了第一遍又说第二遍、第三遍，这位老师生气了，说：“我教的学生中了状元，我怎么不配坐上座呢？我让府台大人坐，是我的礼貌，你怎么说我不应当坐？你为什么看不起我？简直是侮辱我！”越说越火，他带的有民团，马上叫进了一二十个把县官绑起来，要杀死他。孙家鼐吓得磕头如捣蒜，直说：“老师你把县官杀死在我的家里，我怎么得了？”苦苦地跪在地上哀告，这位老师才息了怒，指着县官说：“我饶你的狗命。”就这样不欢而散了。老师回到自己家里，亲戚朋友都来问他说：“你的状元学生请你吃饭，吃的什么好东西？”这位老师说：“什么好东西也没吃着，吃了一肚子气。”就把刚才绑县官的事说了一遍。有人说那还得了，灭门的大祸就到了，他一个折子奏到北京，就非抄你的家不可，这简直是放虎归山，不得了了。这位老师一听，对呀！马上带了一二百民团，跑到一个要道口上等着。不大会儿的工夫，县官坐着轿子过来了。真是一声吆喝，就把县官从轿子里拖下来，把个脑袋砍下来。从此长江以北的几十万土捻子（指“捻军”）就起来了，杀了很多的人，从蒙城一直杀到天津附近，震动了北半天。曾（指曾国藩）李（指李鸿章）二位费了很大的力气，才剿平了。事情闹到这样大，说起来原因很简单，就是因为让座这一点小事。

听了梁仲华先生这一段话，我觉得凡事要谦逊，要和平，不应当乱说话，不应当讥刺人。看苗沛霖就是因为被人看不起，一怒闹出这样大的事来。可是那个县官也因为随便说话，把命闹没了。先贤说的“谨言慎行”，里头有很深的道理。

我回到成都又到峨眉山去，路上经过彭县城郊附近时，看见一个碑，上面写着“张纲故里”。张纲是汉朝的一位大人物，并且是个刚正的人，人人佩服他，所谓“方马埋轮”就是他的故事。又说了“豺狼当道，安问狐狸”，说这句话的人实在可佩服。还有一个碑上写着“李密故里”，这就是上陈情表的那一位，因为他在蜀汉做过小官，就不愿意再在晋朝做官，他把他良心里要说的话，细细地写出来，令每一个人读了都深受感动。他先有了纯忠纯孝的心，又能实行，才能写出那样的文章，留传千年。往前不远，又是一个石碑，上面写着“老彭故里”。相传说，这就是孔夫子所说的那位老彭。有人说他活了八百岁，这也不敢说他能活那么大的岁数，只是讲究卫生，能少吃能多动自然老来少病，没有病怎么死呢？

第二天早晨，我起得很早，就出发了，那是怕人家来送我的缘故。走出去四十里，有一个镇子，想煮点面条吃。副官去问一个老板可以不可以，老板说：

“还没有生火。”

副官说：“你不是正在生火吗？”

老板说：“没有油。”

副官说：“我们自己到外边打油好不好？”

老板说：“不好。”

我说：“他既然不愿意，我们可以另找一家去煮。”

这时候，从那边跑来一个人，好像是镇长、保长的样子，到那老板的耳边咕叽咕叽。说的什么，我听不见。那老板转过脸来笑了说：

“就在这里给你下面条好吧？”

就这样，欢欢喜喜地在这里吃了一顿饭。后来知道，这里同县政府是通电话的，那一定是县长打了电话来说冯某在这里过，他才转怒为喜。为什么这个样子呢？就因为无缘无故挑的恶感太多了，本地人感到外乡人老压迫他，使他们难过才有这种情形。这种情形还是很普遍。有人说四川人排外，我说不对。你看刘备、关公、张飞、赵云、诸葛亮都是外省人，四川人不但是在他们活着的时候信仰他们，就是他们死了后几千年到如今，还是有庙有碑来纪念他们，来祭祀他们，永远地不忘他们。若说是他们纪念外省的好人，排斥的是外省的坏人，倒是公道的。四川人的文化比别省人的文化高一点，这话倒不假。别省人不敢干的事，他们敢干；别省人忘了的事，他们忘不了。就拿彭家珍炸良弼来说，这是多么敢干的啊！还拿杀赵尔丰和端方来说，不是那样，哪里有中华民国呢？四川人大多数是有知识的、有良心的、有血性的、有硬骨头的，这是不可不知道的事情。

这一条路上正在修飞机场，男的女的老的少的都出来做工，几十万人在一处修飞机场，这是中国几千年来没有的事，真算是开天辟地以来第一次。到了峨眉山的根了，保定府人说是山根，四川人说是山脚下。我记得在天津大沽口住着时，若有南港来的人，一见面就说："你上来了吗？"若是有了由大沽到南港去的人，见了面就说："你下去吗？"这上来下去就是这种话。有些人不懂的，听人说他是山脚下人，他就以为是骂他，这是不对的，这完全是误会，不应当有的事情。

这里有个报国寺，四川大学在这里，光安徽同乡大学生就有一二百，教授也有一二十位。这些大学生们，住在野外深山古庙里读书，真是太好了。这也是因为敌人轰炸，没有办法才搬出来的。同乡们找我谈过话，我很喜欢跟他们谈话，他们都是天真烂漫。这些青年都是国家的珍宝，将来都要担负为国为民的重大责任。这里的校长是程天放先生，他住的外间屋里有七座金身的大佛。我问程先生：

"这七座大佛是什么时候人？叫什么名字？"

他说："不知道。"

我又问："他们当佛爷是被人选举的还是被派来的，选举是什么地方选来的，派是谁派来的，你知道不知道？"

他说："不晓得。"

我又说："我们中国信佛好多年了，还没听说哪一个人成佛。

印度亡了国，倒有这些佛出来，我们中国反倒一个没有，这你说公道吗？是不是我们的政府下个命令，也派几个人当佛爷呢？或是由我们中央执行委员会选举几个死的活的来当佛爷呢？”程先生笑起来，我也笑起来。

这庙里有个和尚叫果玲，他是安徽桐城人。一九一二年（民国元年）他搬着他父亲的灵柩从西康来，走到这附近，正赶上杀赵尔丰的时候，他不能走了，没有办法，出了家。后来又出去当兵，当书记，当参谋，以后又回来当和尚。前些年中央的军队赶共产党到峨眉山来，所有的人都跑了，不敢露面，他是当过兵的和尚，当然不害怕，他就出来帮着军队烧火煮饭，找桌子板凳。办峨眉训练团的时候，他又招待过蒋先生。从此大家都恭维他，他就当起报国寺的方丈来了。

有一天，安徽同乡大学教授凑了八九位，一家做一碗菜，那就八九碗了。这位果玲和尚也是安徽人，他就添了一碗豆花，还请了程天放先生陪客。吃饭的时候，听说重庆有电报来，要开六中全会，程先生问我去不去，我说：

“是的，不但去，我还要提个案子。”

他们就问提个什么案子，我说：

“提一个救救和尚的案子。”

他们说：“怎么讲呢？”

我说：“和尚凡是愿娶女人的那让他娶女人，不愿意娶的就随便，这样岂不救了和尚。”

果玲在旁边说：“真是好案子！真是好案子！救了和尚，阿弥陀佛，阿弥陀佛。”

我说：“案子好是好，要是从报国寺回去提这个案子，恐怕别人说我受了果玲大和尚的运动吧。”

大家都笑起来，我就作了一首《救救和尚》的诗，写在这里：

《救救和尚》

峨眉山，真是奇，庙宇破败无人理；
峨眉山，和尚住，穷的穷来，富的富；
峨眉山，真有趣，和尚彼此生闲气；
峨眉山，真堂皇，许多和尚脸发黄；
峨眉山，和尚安，不谈抗战谈修仙；
峨眉山，有七层，和尚不妨娶女人；
峨眉山，李花白，和尚娶妻有着落；
峨眉山，桃花红，娶妻省得胡闹腾；
峨眉山，茶叶绿，有妻才有好约束；
峨眉山，水不死，释迦牟尼有妻子；
峨眉山，石头青，和尚有妻才正经；
峨眉山，和尚好，国家大事多不晓；
峨眉山，有佛光，穿愚无告我心伤；
不可骂，不可怪，
须把和尚当作子弟爱，
和尚是国民，都不是外人，
能有好教育，便可成万能。
和尚是同胞，我们不能袖手瞧。
我们是四万万五千万，
有的走错了路，我们岂能袖手瞧。

我要到峨眉山去看看，雇滑竿太贵了，没有办法，只可走着。有的四五里地一个庙，也有的六七里地就有一个庙。每个庙里都有看庙的，他们为了弄几个香钱，就造许多谣言出来，说是某神有多么灵验。你听吧，说的同真的一样，你一不留神，就被他们骗了。我走到大峨寺，看这个庙很大，树木也很多，就是太腐败了，到处乱七八糟，尘土很厚。出了庙门不远，就是一个圣水寺，有一个和尚，看那样子有五六十岁，长得眉清目秀，像画的老头一样。这里水好，又有木头盖的几间新房，我就住在他这里。这个老和尚说，他就是大峨寺的和尚，因为大峨寺的和尚分两派，都在那里争着卖树，要打架，并且要打官司，他就躲出来，重新修理这个圣水寺。抗战以来，重庆一带用的木料太多，就有许多商人到峨眉一带买木料，砍了许多树木，利用大雨的时候往下冲，冲到河里时，再编成筏，编成排，运到重庆，可赚很多的钱。因此峨眉一带的树木，砍伐太多了，若不赶紧补种，不但景致没有了，连木料也不够用了。

因为白天出汗太多，这一夜睡得太好了。第二天，醒了又睡，简直睡不醒了。同我去的朋友，都以为我是病了。走了五六十里的上坡山路，累过了，出汗太多，一直睡了一整天，这才恢复了。就在这里，坐了滑竿回到报国寺，是沿着一条有水渠的路回来的。

12

发起献金

从峨眉山奔回成都，路上遇到多次空袭警报，最厉害的是在双流附近，把飞机场里停的飞机都给炸毁了。还有许多小飞机藏在飞机场边上的独立小房子里，不知道怎么被日寇晓得了，也给炸毁了，看起来实在是惨极了。到了成都看见街上正在扒房，是要把街道加宽。将来飞机一多，汽车也就多了，街道不加宽，一定免不了碰上人。把街道展宽，可以说是很重要的一件事，也免不了有老百姓们说闲话。我听见了就对他们说：

“将来街道加宽，买卖就好了。到那时，房子也值钱，你们就喜欢了。”

可不是，两年一过，街市繁荣了，大家都高兴了，闲话也没有了。由此可见，为百姓办事，必须有点忍耐才行。

我在华西坝，住在一个美国朋友家里。他是一个医生，中国姓姓李，人很好。他的太太也很客气，招待很周到。每逢吃早饭的时候，李医生他总是给我读一段《圣经》，我非常感激他这种好意。他有一个儿子，二十岁的样子，要回美国去当兵。他说他已同美国飞机上说好了，可以带他走。临走时，他对父亲说：“我回美国去当兵。”李医生和他的夫人听了这话，也是很自然地说：“很好，你去吧。”

这个孩子拿着一个小包就向外走，他的父亲同母亲送他到大门口，彼此就分别了，大家都很喜欢。

拿这一段事来说，父亲及母亲是有学问的人，儿子也是有学问的，所以认为上前线打日本鬼子，是自己的本分，是自己的责任，没有一点勉强，更没有一点难过。我以为这完全是教育的好处。我们的国家，若不赶紧大兴教育，无论如何是赶不上人家的。什么事都可不办，什么钱都可省，唯独教育不可不办，唯独办教育的钱万不可省。李大夫的儿子从军的事，我拿着当作讲话最好的材料。

有一天，成都教会上的朋友们一二十位，召集了一个谈话会。本来定的有个次序，我是最末讲话的人。可是呢，刚开会，就有一位张仕章先生说：

“先请冯先生讲话，请讲一讲在抗战期间，我们基督徒应该干什么？”

我说：“已经有个次序了，我不可先说话。”

张先生又站起来说：“抗战期间，基督徒应当做什么事，这是很重要的。因为有些基督徒，他们说我们信教，只管天上的事，地上的事我们是不管的。冯先生你说是不是？”

我没有法子，只好站起来说话。我说：

“日本帝国主义是要亡我们的国家，灭亡我们的民族，我们必须不分男女老幼，大家都携起手来，能出力的出力，不能出力的可以出钱。这样齐心协力，我们才能打走日本鬼子，才能救我们的国家。若是不管这些事，光想着上天堂，恐怕国亡。能活着，也要进十八层地狱。当亡国奴的人，永远不配上天堂。现在国家正在危急的时候，最需要的是出钱出力。出力是做什么呢？就是当兵。其次就是出钱。我们大家若觉得上帝是在我们顶上，我们想着怎样才能对得住国家，才能对得住主持真理的上帝，我们有这样的感觉，从今天起，我们有儿子的就送他去当兵。不然，我们就每天、每个星期，或是每个月拿出多少钱来献给国家。我们叫个基督徒献金会，也无不可。”

这话方才讲完，就有人起来赞成，说我们这个谈话会完了，另开一个会讨论这件事。

这个会散了之后，我们有几位朋友，就开了一个谈话会，由谈话会推出来几个朋友做筹备员，我记得有吴耀宗先生，有张仕章先生。他们写了几点要旨，连开了两次会，就把个会开成了，名字叫“中国基督徒节约献金救国运动分会”，意思是把总会留在重庆。这个运动后来很有发展，我编了一本节约献金救国运动文献，读者们若想明了这运动的经过情形，可以一看。

这个时候，湖南常德正在大战，孙连仲的队伍打了很大的胜仗。后来孙连仲来到重庆，对我说，在常德以北遇见敌人，有人说要迎头痛击，孙连仲说不可，要让敌人过去一些，从他的侧面攻击，果然，把敌人打得落花流水。后来有人问他，你是从哪里学来的这种方法？孙连仲只是笑了一笑，没有说什么。我写的有一本《抗战哲学》，又写了一本叫《打胜仗的方法》，这两本书中把抄其背、击其腰同埋伏说得很详细，若是直来直去，那不是打仗，那是送命。

这个时候河南把卫立煌换了，蒋鼎文先生出来了。这个人很孝顺，我听刘定五先生说，他的老太太死了，他一切都按着古礼来，跪下磕头，并且尽哀尽礼。这在如今的官场中，真是太难得的。

不久，河南起了大战，军队不但不能打仗，并且骚扰百姓，惹恼了豫西的同胞，一团一团地、一营一营地被老百姓缴了械。

河南的参政员，有一位姓郭的，是位老革命党，他把河南百姓被军队欺负的情形一一说了出来。有人说他说得太过了，实在说起来，他说的还没有十分之一。军队是保护百姓的，结果不但不能保护百姓，反而欺负百姓，这就是奴欺主，奴才欺负主人，这还成什么世界呢？这样下去没有不失败的。

在重庆周围看见过往的兵，都是饿得面黄肌瘦，走不动路。我看着这个军情，士气一天一天地不振，前方的军官有好多都在那里做生意、吃空缺，这就不像个样子了，哪里还能打仗呢？我实在看不过去了，正赶上蒋先生请吃饭，我说了一段阿米巴的事。阿米巴是个什么东西呢？是阴阳性不分，是最古老的一种动物，是一点进化没有的动物。我引了蒋百里的一段话，当时他同着鲁顿道夫出去野操回来，并马而行，蒋百里问鲁顿道夫：

“你看我将来能做什么事？”

鲁顿道夫说：“我看你将来可以当个参谋长或参谋总长。”

百里说：“我就不能当陆军部长吗？”

鲁顿道夫说：“你这个人是阳性的人，不能做阴性的官。陆军部长是属于阴性的官，他要经营做鞋、做袜、做衣服、筹备医药、弹药和征兵等事情。参谋总长是阳性的官，要对着陆军部长要二百万兵或三百万兵，交给他去救国，打一个烈仗，把国家救了。你是阳性的，不能做阴性的官。”

今天我们参谋总长兼着军政部长，这完全是阴阳不分，与阿米巴一样的。最高统帅一个命令，是半个脑子响应了，还有半个脑子说，一攻击就要死人，就要消耗枪炮弹药等事情，两下里一中和，就把最高统帅的命令化为乌有。我们打了这几年的仗，只是受敌人的攻击，没有大量攻击过敌人，这就是那最大的原因。这种制度，我们看看哪一国有这样的办法？哪一国也没有，这是中国特创的阿米巴制度。我们看打仗的时候，要调兵，兵软弱不能打仗。可因为他一身又指挥又准备，他便不能将详细情形报告统帅，这样弄来弄去，非打败不可。这一段话说得一些人既不敢哭，又不敢笑。可以说，这次讲话算是把人得罪苦了，我只可等着他们记账了。我自己觉得，为了抗战，应说的话不能不说。什么叫得罪人，我是不能顾及的，至于有什么危险，我更没有把它挂在心里。

有一天，同贺贵岸上将主任谈话，他说：

“我们建军建不起来，最大的原因在哪里呢？”又说：“军官学校毕业生，毕了业向前方分发，一跑就是五六百，他们不愿往前方军队里去。他们藏着躲着，在重庆、在成都，找一个地方，等他一年半载，然后找着舅舅、表叔，图谋一个三等科员当当。不久，考陆大了，你别看他贪生怕死，他的英文、算学、化学还好，一考就考上了陆大。三年毕业出来，他有门道，他又到了某某师去，由某某师又弄到军令部去，由上校升到少将。兵的事他一点儿也不知道，什么叫吃苦耐劳，什么叫实际作战，他一点儿也不晓得。这样，怎么会做出好事来呢？军队里面师长、团长、营长、连长有百分之八十是行伍出身的，都是能写会算，受过好多次训练的，有实战的经验，不但能吃苦耐劳，更是能拼命杀敌。"

我说："今天讲究毕业的事，汪精卫、陈公博是外国学校毕业的，齐燮元、萧齐暄一个是中国陆大毕业的，一个是日本陆大毕业的，都当了汉奸头子。张自忠、佟麟阁、赵登禹都没有毕过什么业，他们能献身为国。党员十二条守则上说忠勇为爱国之本，没有说毕业为爱国之本。这一件事若不改正过来，建军的话是万万不能成功的。"

在重庆巴县中学住，我请了白俄多马和布尔霖来讲大战史，有些跟着我的朋友都在一块听。那天是阴历大年初三，正赶上蒋先生来看我，大家正在上课。蒋先生看了，我看他是很喜欢，也很诧异。讲堂里挂着一副对联，是我自己写的，上联是"纸糊三阁老"，下联是"泥塑六尚书"。蒋先生问我这个对联是什么意思，我说：

"这是明朝的时候，皇帝的威严太大了，一切大官都不敢说话，都在那里养资格，混饭吃。社会上的人们，就作了这副对子来讥刺他们。"

蒋先生听了点点头，笑了一笑。这是大年初三，也算是拜年来了，我送他出去，还照了一个相片。

苏联派来的顾问，首席顾问叫崔可夫，他要回国。这一天，军事委员会的几个人请他吃饭，也有我作陪。有一位先生说，他的家门口外面有两棵大树，是很大很高的。一天，有一个大长虫爬到树顶上，把几个小老鸦都吃了，大老鸦就来了几个，把长虫的眼啄瞎了。到了半夜里，又来了几十条长虫往树上爬，一时各树上的老鸦都来了，就开始了大战。长虫越来越多，大约有千百条，老鸦也来了成千成万的。这样家家户户都点起灯来看这是做什么。有的关起门来爬在墙上，登在房上，点起火把来看。一直打了三天，长虫死了很多，老鸦死的也不少。这种情形是几百年来没有听说过的，我觉得很特别，把它记录下来，作为动物学上参考的材料。苏联的朋友们也觉得稀奇得很，他们也是问了又问："是真的吗？是真的吗？"说话的那位先生说："完全是真的。"他亲眼看见的，一点儿也不错。

我从成都到重庆，成立了基督徒节约献金运动总会，一些男女同道都特别帮忙。

重庆工商界、学界的朋友们，成立了一个利他聚餐会。利他的意思本来就有利大他、利小他的分别。利大他，就是利国，换一句话说，就是用全部力量帮助抗战，使国家得到独立、自由。利小他，就是随时随地帮助别人。原来只是十个人。那十个人是谁呢？就是沈天灵、冯子原、陈汉清、陈容贵、陈祖先、陈丰镐、陆绍云、胡振文。这几位朋友都对节约献金救国运动非常出力，还有张树声先生对于献金救国，也是特别热诚。

张树声先生是河北省沧县人，我在一九〇七年（光绪三十三年）认识他，是在新民府第一混成协的时候。他是从山东济南府第五镇开来的，他们叫十八混成标，他当骑兵连长，真是精明干练，我们的协统王化东先生非常器重他。后来滦州革命失败，他是被驱逐走的。以后在军队里也给我当过参谋长和团长，在察哈尔当过帮办军务。"七七"事变后，又专做民众抗日的工作，到处宣传顾亭林（即顾炎武）、李二曲（即李颙）、傅青主（即傅山）几位先生的不当亡国奴的道理和精神。他一面讲历史，一面讲经传，到处收的门徒是很多的，专做些侠义的事情，真可说是解人之难、济人之急。

利他会里头人多了，免不了人品不齐。可是，正人君子、豪侠好义的人很多。他们每天帮助我集合一二百人讲解献金的好处，因此就收效很大。

我在这个时候，一面演讲，一面卖字。我记得最初定的润格，一副对子、一个中堂、一块匾都是二十元一件。来找我写字的有给二百块钱的，也有给四百块钱的。日子久了，也是一个很大的数目。

关于献金的实际情形，把《献金文献》《川南纪游》和《川西纪游》，以及给爱国朋友的十四封信看一看，那就都知道了。

关于抗战看见的事情和所闻的事情，可以看我给蒋先生写的信，前后有二十几万字，就知道不少了。再加上我这八年多的日记，一对证更可以清楚明白了。

在重庆这个地方，有个基督教青年会，负责人是总干事黄次咸先生。他用了一种田园会的方法，建立了经济的根基，办的事业很多，就有人气恨他，破坏他的工作，尤其是外国人不喜欢他这种做法。有的人住了他的房子，晚上睡觉没有关窗户，把东西丢掉了，要到法庭里告他，他还得出庭去打官司。有几次，我替他仗义执言，对大家说明黄次咸先生的办法是对的。全中国各地的青年会，都因为没有经济来源，什么事情也办不成，那不是实在的例子吗？他在重庆盖的房子很多，办的服务社会的事业也是很多的，像义务诊病、托儿所、电化教育，种种的事情太多了，这真是一位社会上的杰出人才。

重庆乡间佃户很多，生活很苦，要比着北方的佃户，那就算好得多了。这里三节二寿都得给地主送礼，还得给地主们抬滑竿，什么事情都要为地主干。不过因为地租只讲多少担谷子，没有讲到小麦、胡豆、黄豆等等的东西，这样，勤劳的佃户也能多种些萝卜、菠菜、青菜一类的东西，也能多得些收入。我在陈家桥住，每年都看见姓姚的佃户做生日，每次来的客也是十桌八桌，在北方是万万看不见的。

这个地方种地的长处，就是利用田埂子、土坡种胡豆、豌豆、黄豆，都种得很密、很整齐、很美观的，看上去好看极了。尤其是一层一层的梯田，到了最下一层，便是山沟小溪，两岸上全是种的竹子，果然是绿竹依依。

这个地方种地的短处，若是种谷子当然是一墩一墩横竖成行，一墩距一墩，八寸或一尺，实在说来六寸也可以，并且收的还早一点儿。有人说颗粒比别处小一点儿，我倒没看出来，这是我在石板场找刘老板试验过的。最不该的是种小麦、种菠菜，无论种什么都是一墩一墩。北方种小麦是一行一行的，当然比一墩一墩的多收两三成了。在陕西我看见过种小麦是成片的，不分行，不分墩。当然，这个办法比那个成行的又多收好几成。我想，这些年来，我们的国家很少有专门的农学家在乡间与农民合作，这样农业变成了无政府状态。人们种也好，不种也好，随便你用什么法子种，都没有人管，没有人问。这样一来，我们的农业生产就吃了大亏了。

陈家桥一带，有一种最好的风气，就是十岁八岁的男女孩子，在天一亮的时候，一面放牛，一面大声读书，那真是中国社会最宝贵最美丽的一种活的画图了。因此，我每天早晨就到野外去听去看，觉得心里舒适极了。

抗战胜利前二三年间，四川乡村的学校增加的实在不少。因为够水平的先生不十分多，再加上房子的问题、操场的问题、制服的问题，免不了有很多人说怪话。可是，我觉得无论怎么样总比不办好得多。你不论办怎么好的事情，总不能叫人人都说好。这就是说，没有无阻力的事情，只看你能不能冲破阻力，克服困难就是了。

这个地方，百姓最吃亏的乃是一根无形的铁链，把他们捆绑得太厉害了。如刘老板家本是很穷的人，连吃饭都不容易，刚刚收一点儿小麦，喘出一口气来，就要为他死去的父亲做三周年纪念。念三天经，请五个伙居道人，就要花三千块钱，合如今的钱要到三百万。我对他说：

“你的母亲穿的衣服那么破烂，你有钱为什么不为你母亲做件衣服？为什么不给母亲买点好吃的？”

就这样劝解他三四次，他还是不听，非念经不可。有一次我对他说：“你若必须念经，就请你搬出去，田你也不必种了。”

这样一来，他才不念经了。过了两个星期，我问他：“你不念经好不好？”

他说：“好的，省下了三千多块钱。”

他说不是他要念经，是那些与老道有关系的，逼着他非叫他念不可，他若不念，就说他是不孝之子。“不孝”两个字他实在担当不起。由此可见，这些安分的农民，被这条无形的铁链捆绑得太厉害了。

虎溪乡二、五、八是逢场，我到场上一看，最坏的就是相面、算卦、批八字、看风水，更特别的是为死人烧纸的钱票子也弄成法币一样，这真是异想天开了。这十足地表现出我们的民族、社会是太落后了，不然为什么这些不合乎科学的事，就没有人管没有人问，这都是毒害老百姓的事。更出奇的是一些女先生也做算命、批八字的先生，奇怪不奇怪？

我看刘老板家里，男的勤劳耐苦地种田；女的除了种庄稼、做饭、洗衣服以外，到了夜晚，还在那里编草帽。一个草帽赚钱也不少，一个场上有时候卖十几顶，那样十天就有三个场，可以卖三十多顶，对家里过日子帮助很大。他们把小麦的茎子看成宝贝一样，一根都不糟蹋。这几年来，刘老板的母亲每年都给我编一顶大的草帽，又编一顶小的草帽，戴起来都很合适。他们这种化无用为有用的精神，我是永远不会忘记的。

距石板场十五里地的一个地方，叫土主场，我赶过那个场好几次。有一次，同杨慕时先生走了去又走了回来，来回三十几里，可把他累坏了。他从前方刚回来，说：

“孙桐萱的队伍，本来打仗很好，官兵都能吃苦耐劳。有一个师长叫张测民，在陆大毕业，回军队以前，先到贵州看看母亲的坟，然后回到军队里。正赶上蒋先生到西安说，总司令和副司令不要再兼军长。军长放谁呢？就说到张测民很好，这样一来，孙桐萱就多了张测民的心。当中还有一个人捣了鬼，提到了别人当军长，孙桐萱从此就想错了主意，把八个团长都换掉了。从此，军队里就不安了，事情就越闹越大，蒋先生把孙桐萱扣起来。最可怜的是孙桐岗，他本来是很正派的青年，在空军里负着很大的责任，忽然也把他弄到重庆来了，他是莫名其妙。”

有一天，桐岗来找我说，他早就同桐萱说过，要走正道，要好好练兵，不可胡来，不可应酬。桐萱对他说，你不可胡说八道，这种混账王八蛋的世界，不能做好事，做好事的不能存在，只要弄些钱给他们送礼，什么事也没有。

桐岗对我说了这些话，我觉得桐岗多读了几句书，他就多明白一些道理。桐萱读的书少，他就任意胡为。可见没有使他们多读书，是我太对不过他们。

有一次，见着一位四川的朋友，他是日本士官学校二十一期毕业的，在王陵基那里当过参谋长。他在江西看见孙桐萱的队伍有许多伤兵没有人管，没有人问，还有许多病兵扶着拐杖讨饭。川军的官长就不敢叫士兵看见这种情形，怕损伤了士气。由此可见，孙桐萱这个队伍是打过许多的硬仗，是吃过许多苦头的。常言说“一将无能，累死三军”，这话是一点儿也不假。

有一次，我同蒋先生讲话，任潮先生在场。蒋先生再三要我保一位陆军大学的校长，我说：

“李任潮先生再好不过了。”

蒋先生说：“他还有别的事。”

大概说党政委员会找任潮先生负责，可当时我也想不起别人来。后来陆军大学里为经济困难的事闹出个乱子，像多马教官、布尔林教官都是因为生活困难，死的死了，没有法子教书的走了。他们在山洞（即陆军大学所在地）住的房子连地板都没有，到了年底冷得要命。一个他是白党，还有一个正中了俗语说的“为人就怕老来穷，哭喊十声亦无应”，这就是说，虽然有本事能教书，人家不多给钱，你有啥办法？

在前方打仗的人，不断地到重庆来。有一次三十三集团军的人对我说，他们打仗激烈的时候，伤兵向下抬，有一位商家，并不是很富，他对每一个伤兵，只要从他门口抬着一过，就送五十元，点把钟他就送了一万二千元。这件事鼓舞军心很大，大家对这一位商家都是非常敬佩。后来有人报告，行政院还发给了他奖状，这也算是种瓜得瓜、种豆得豆。

经商的人愿意这样做的，我想是不少。若是报纸上肯宣传，政府肯提倡，那一定很多很多。

三十三集团军有一个排长，带着一排人，夜间去袭击敌人，真的摸到敌人屋里去了，砍死敌人一二十个。结果呢？这一排人只回来了三个，排长和其余的人都死在那里。这一类甘心乐意不怕死、愿牺牲的，把自己和自己的朋友们两三条命换敌人一条命的事多得很。

这一类的事情真是可以感天地，泣鬼神，这完全是一股子忠义之气做出来的，可以说，这是中国的真正的道德，真正的良心。

从印度回来的朋友，是在缅甸打过仗的，他们说论起勇猛和不怕死的精神，中国第一。只要炮打起来，中国人就敢冲锋，接着就是白刃战。有一次，一个从印度来的军官说，他们在印度，有两个英国军官、三个印度军官、两个中国军官，七个人在一起谈话。印度军官说，你们中国人真勇猛，打得好，很是夸奖；中国军官当然也夸奖夸奖印度人，说他们打仗奋勇。印度军官说："我们不能打，你们是为你们自己打，你们不怕死是应当的。我们为谁打？我们才犯不上不怕死呢！"中国军官就向着英国军官看，印度军官说："你不要看他，我不怕他，我们就是不打仗。"这样，弄得三方面彼此都有一点儿不好意思起来。由此可见，印度人都觉悟了，若是英国不给印度独立，恐怕将来的战祸还多得很。

有一次，忽然滇缅公路断了，那是英国人不怀好意，想同日本勾结起来收拾我们。周围都断了路，只剩下缅甸这一条，又一断，这运输就没有法子办了。不久就是日本人袭击香港，这一来英国人知道那一套不行了，就又把滇缅路开放了。英国大使卡尔，他在鹅颈峰开了一个鸡尾酒会，招待很多的人，屋里还挂一块纸的横幅，上面写着“不醉毋归”，人越来越多，挤得满满的，后来就把门开开，到后边月牙台上站一站。我对张岳军说：

“他们不吭气就关上，这又开开了，我们还得说谢谢。”

有一次，杭立武先生给我写个信说，英国大使卡尔想约我谈一次话，问我什么日子可以。我答复他下星期二上午十点钟在巴县中学。那两天连着空袭，我们在鹅颈峰一个洞里头，王亮畴问卡尔来吗，卡尔说：

“我约他谈话是不是？”

我说：“杭立武来信说你约我谈话。”

他又说：“在哪好？”

我说：“若是我找你谈话，就在你那里。这是你找我谈话，你看到哪里好？”

他说：“我到巴县中学找你去。”

他来到巴县中学，杭立武翻译。寒暄之后，卡尔说，中英两国实在应当亲善，云云。

我说：“《圣经》上说着，天国近了，你们应当悔改。今天英国悔改没有？一百年来，英国对我们欺辱到万分，你看缅甸任意关断我们的后路，等到日本袭击香港，袭击你们的南洋群岛，没有办法了，该说中英亲善了。真的吗？你们是不是敢悔改？”

杭立武就用几句话翻过去了。

我说：“不成，杭先生你不要用你的洋奴外交办法，你要把我的话完全翻出来。你不要怕，你说的话我听得懂。”

这样，杭先生没有办法了，只好都翻出来。卡尔说：

“真的悔改了，咱们亲善起来吧。”

我说：“若是这样很好。”

后来我们就常有来往。

我记得他被调往苏联去的时候，蒋先生送他的行，说他是有道德的阴谋家，这话说的也很好。他实在是个阴谋家，在那个时候他主张中国、苏联、英国、美国应当精诚团结，他这一点见解同我完全是一致的。我觉得到今天这件事还是应当完全一致，不应当做日本人、意大利人、德国人喜欢的事。若是今天自己捣自己的乱，自己就出岔子，那敌人还不喜欢吗？不要把他们三国估计得太低，危险性到今天还没有过去。

丘吉尔有个私人代表魏亚特将军在重庆，有一天在苏联大使馆的酒会上我们见了面，他说：

“好多次要拜会您，有人说您不在城里。”

我说：“不然，我在康庄住，每天都在。”

他说：“我明后天来看您。”

从此我们有了来往。魏亚特身体很好，长得很瘦。他是在意大利坐飞机失事，摔坏了一只眼，摔坏了一条胳臂，在医院把胳臂锯了一条。他会好几国的文字，意大利投降，他就在意大利的医院代表英国签字的。

由此看来，一个人身体残废还是国家有用的人才，不像我们的国家，稍微有点缺欠就不用了。还有一点，英国的军官他能会好几国的文字，他也有地方学，也有人教他。反过来说呢，中国人是没有地方学，也找不到人来教，再加上自己根本就不好学。这还有什么说的呢，只剩了“落伍”两个字了！

我在缙云山住着，太虚法师在那里办的有个汉藏教理院，有百十个学生，都是和尚。有时候太虚也请人讲讲话，这一次请了我。我对他们讲的是怎么有的天、地、日、月、万物，详详细细给他们讲的，我想他们是闻所未闻的。

到了晚上月亮很好，我同一位老革命党陶冶公先生谈话。他现在有六十多岁，学佛，住在庙里，每天十二点吃一顿饭，饿得脸上面黄肌瘦，毫无血色。我们在一起看月亮，有一个小和尚在那里打了几趟拳，慢慢地凑到我们坐的地方来。他问我说，他们晚上念经在大殿里，我看见没有看见，有什么感想。我说：

“我看了你们念经，如刀刺我的心一般的难过。我们革命多少年，还没有把你们这般青年孩子们救出来，你们哪一个不是因为饥寒交迫、无路可走入庙出家呢？假如你们能够得到读书的话，你们人人都能大学毕业，人人都能成一个科学家，像哥伦布、哥白尼、爱迪生那样，你们都能干的。使你们穷困得在这庙里受罪，真是太对不过你们了。”

说得那孩子落下泪来了。他说他是成都人，他父亲当军需官被人刺死了，他母亲就领他出家了。后来他被毒虫把腿咬了一下，咬得很厉害，一面疼着，一面烂，我用兜安氏药膏给他敷，完全敷好了。他入了云南迪疆学校，藏语、英语都很好，后来又入华西大学，学社会系，将来毕业也许能为社会做一点事情。

太虚有一间房子，在这庙的最后边，陈设着许多缅甸带回来的东西，有两个大的象牙，都金煌煌，明光光，耀眼发亮。我对他说：

“慢藏诲盗你要小心，最好把它变卖了，献金救国，既可帮助抗战，又可免去闹贼。”

他说：“很好很好。”

朱子桥先生在西安病故了，我同太虚发起一个追悼会。那一天，我把朱子桥先生做官的清廉和为人的忠实及历年以来办赈救灾的事说了很多。后来又把我在察哈尔抗日同盟军举不起旗子来，忽然朱子桥先生给我汇来了十万现洋的事，和如何收复了察东四县，都说一遍，大家都非常佩服。我们就这个会，决定把朱子桥先生的牌位送入大佛殿的里边西北角供起来，作为永久的纪念。那个牌位原是那庙里的“皇帝万岁万万岁”牌位，周围都是金煌煌的，几条刻花雕龙，美观极了。

朱子桥先生生前做了许多救人的事情，死后朋友们和民众还是称赞不已，所以能长久地纪念他，并且用香花来供奉他。有一次在重庆百龄餐厅，开一个纪念子桥先生的大会，当时有一位从法国回来的青年站起来说话。他没有钱读书，朱先生给他汇过一万块现洋。他毕业回来了，在上海见了子桥先生，说是谢他。子桥先生说不要谢。青年问他有什么盼示没有，朱先生说没有。他再三地问，子桥先生说："那就是盼望你拿我对你做的事，你对别人去做好了。"由此可见，子桥先生爱他的精神、利他的精神，多么可佩服！

13

献金项记（一）

缙云山的缙云寺外边有一个楼官亭，长满了碗口粗的竹子，总有千八百棵。我就住在这里，给这房子起个名字叫“虚心斋”。这院里有一家看房的百姓，一位老太婆有六七十岁，有两个男孩子，大的十五六岁，小的十一二岁，养着一头驴，每天去驮煤往山下送。驴驮一百四五十斤，小孩子们担七八十斤，弟兄俩换着班，午前是大的去，午后是小的去，这样刚刚够一家人的伙食。忽然间夜间来抓壮丁，把大男孩子抓去了，他妈妈托了多少人，结果花了二百多块钱才把孩子放回来。

有一位英国人，中国名字叫白英，有三十多岁，在复旦大学当英文教授，个儿不很高，瘦瘦的，很有精神，最好帮助穷苦的先生和学生。他常常在北碚街上，手里拿着一个馍馍且吃且走，他对一般穷苦的人们很同情。他很努力工作，每天把他所见所闻所想的事，都用打字机打出来，常常到两三点钟才睡觉。我有个做饭的，他没有看过什么叫打字机，听见黑夜老扑打扑打那么响，第二天他对人说，这个外国人一夜都发无线电报，这可是一件不得了的事。后来告诉他说，那是打字机，他才明白了。

白英先生的父亲在造船厂里负责任，我给他写过一篇字，他写信来表示非常的感激。为了英国人的一顿饭运动，我画了两张小画参加展览，由白先生寄去。后来，由英国回来的朋友对我说，他站在小画底下还照了一个相。卖门票的时候是五块美金一张。可见英国人对于义举有很多的好办法，这真是应当效法的。

在重庆有英国访华团来，四位先生，各代表一党，说起话来各说各的一套，很光明磊落。这个说话，哪个不赞成，他就说不赞成，不像我们中国人，心里不赞成嘴里还说“哦”。

白英同熊二小姐结婚，找我证婚。我说：“很好。”没有惊动什么人，马上就成功了，这真是平民化，也真是革命化。

北泉这个地方本来是个大庙，前些年这庙里常有土匪，上下的船只要从这地方过，就得拿买路钱，不然就过不去。后来卢作孚把土匪打跑了，把庙改成了公园，整理得非常好。最宝贵的是这里有温泉，白天用这水洗澡、游泳，并可以磨面，晚上就用它发电。这可以证明，四川人的文化程度很高。

有一个大的图书馆，书也不少。有一位图书馆的人，是湖南人，他听说我来了，很高兴来“农庄”（北泉的旅社楼房名称）看我。他读了很多关于吴白屋的事情，他拿出吴白屋先生的日记、办学的一切布告和章程，都是一丝不苟写成的，既方正，又圆润。我看了他许多首诗，记述他在陕西长安被刘镇华围困八个月的事。他非常感激孙良诚、孙连仲、刘汝明三个人救了他的命，并且救了长安城里多少万人的性命。

吴白屋名字叫芳吉，江津人，他在清华读书。有一个同学不知为什么得罪了一位美国先生，学校就决定开除他。各省在清华学校的学生，每省举一个代表，去见老师们请愿，要求不要开除那个学生。哪晓得那位美国先生上了火了，就要把这些代表都开除。有些先生说不能这样做，美国先生说：“不做也可以，就叫他们每人写一份悔过书。”这样一来，有的人就写了。吴芳吉说：“我不能写。还是先生办错了，他们应当给学生写悔过书才对。”到底吴先生没有写，他就被开除了。这时候有一位陕西的学生也姓吴，对他说："你这样硬到底的办法是我应当有的，我为什么不这样办呢？因为家里的父母盼望我能好好读书，若是我被开除了回家，我的父母一定会打我骂我，所以我不敢不递悔过书。你替我做了，我应当帮助你。我要到美国留学，每月有六十元，我都交给你，你可以好好地在国内读书。"就这样吴芳吉讨饭回了四川。到美国去的这位吴先生，真的就每月把六十元美金寄来，吴芳吉就拿着这钱去读书。书读很多，当了大学教授，也当了中学校长，为人很耿直，也很义气，他的文章都是写实的。他死了之后，埋在江津县白沙镇的黑石山，我去献金的时候还到他坟上去祭了一祭。他有两个儿子，一个叫吴汉骥，一个叫吴汉骧。一个在女中当教员，一个在报馆，都很有修养，学问也造就很好。图书馆里这位吴先生的学生，忠诚实在，真的够上尊师重道。他说的话、他写的东西，都是为了宣扬他的吴老师。像这样的学生太可佩服了。

北碚这个地方，有一位老绅士，名字叫王尔昌，很爱做公益的事。他家里也开着几个大煤矿，五个儿子，每个儿子管一桩事，处理得清清楚楚。他对于节约献金救国运动非常帮忙，有一次捐很多的钱。他在北碚公园修了一条宽大的石头路，就叫尔昌路。他愿意为纪念张自忠上将成立一个人民祭祀的纪念会，并在坟前盖五间大殿作为飨堂。总而言之，这老先生是慷慨仗义，自己看得起自己，尤其是对于抗战有益的事，他是不遗余力地见义勇为。

重庆成立了基督教献金总会，有些人很热心，分头去劝募。也有的人不痛不痒。只有利他社的几位朋友，如陈汉清、陈祖光、陈丰镐、陈容贵、冯子原、陆绍云、沈天灵、沈天敏，这般人都是按月献金，并且推动别人来献金。基督教青年会黄次咸总干事和他这会里的许多人都是按月献金。最特别的就是张树声先生，他的徒子徒孙很多，献金也最多。

我在这里认识一位荷兰人，叫高罗佩，不但会弹中国的七弦琴，而且中国字也写得很好，说起话来都是要用中国的成语或者书上的句子。他若给你倒杯茶，他就说：“弟子服其劳。”他娶的一位太太是中国人，很瘦很小，说是在西南联大毕业，起初是教高罗佩的中文，后来他们就结婚了。高罗佩个儿很高，在日本呆过多年，会说日本话。他有点见解，也很不客气。有一天什么人利用学生为东北的事情游行，从荷兰大使馆门口过，学生们就对高罗佩说，你们快快把香港、九龙还回来。高罗佩说：“你们这些青年的孩子，还不赶紧回去读书！你们的知识不够，被人利用。连荷兰国的国旗都不认识，你们算什么知识分子？可怜得很！”他把那些学生们教训一顿。我听了觉得他这话一点儿都不错，一点儿都不过分。

在重庆为了献金的事，我写了很多份《满江红》《正气歌》。谁帮忙就马上送他一份，就这样，把纸、墨、笔、砚费去实在不少，工夫也用了不少。这个时候，我每天学英文，不学英文就写诗，不写诗就写大字，早饭后走一个钟头，午饭后走一个钟头，晚饭后走一个钟头，一天出三身透汗，身体觉着很好。

有一天我去看林天和牧师，他正在病着，见我就哭了。他说他有罪了，上帝降罚他。我说：

“你怎么有罪了。”

他说：“有一个姓王的在您那里教英文，他是一个品行最不端正的坏人，好几次我要对您说，我都没有说。上帝降罚我，叫我生病了。”

我说：“好了好了，先生不要难过，这也是一件特别的事。”

在重庆的毛吟槎牧师是江苏人，我们在汉口开过一个大会，到的人很多,孔庸之先生也在场。结果举了我为基督教徒联合会的会长，我实在是惭愧得很。好在是抗战的时候，只可勉为其难。后来毛吟槎先生到云南昆明，又到重庆。那是刚轰炸以后，到处都破破烂烂，墙壁里头冒着残余的白烟，毛吟槎先生就在这种情形之下收拾了几间房子，做传道的工作。天太热，地太湿，他果然病了。我看这种情形，心里觉着不安，又有点不平。不安的是，这种情形之下如何能活下去？我想不只是病，恐怕一家人都不能活了；不平的是，为什么外国牧师有洋楼住，有地板住，我们的中国牧师，就这样的可怜呢？我下了个决心，给他铺了几间地板，后来他办了一个小学，办得很好。

有一位朱浩然牧师是河南信阳人，他是中国基督教信义会总盟督，“七七”事变一开战，外国来款就断绝了。这位老牧师一家一二十口，住在北碚的乡下，距文星场二三里路一个板桥镇上，可怜极了！

那个地方常常发生不平安的事情，牧师还是在那儿，领着大家做礼拜开祷告会，凡是苦人穷人要他帮忙的，他都尽力去做。这样这个地方的百姓就都同他成了好朋友。后来，珍珠港被袭击以后，外国传教的朋友们渐渐有来的了，又找他到重庆来传教。他就是不来，说：“我在乡间对着穷苦同胞传教，才合乎耶稣的意旨。”后来，他们费了很大的劲，有两位外国朋友到乡下找他几次，他才答应了进城。就在复兴关的下边，江边上，一个很好的房子里，办了一个神学院，也有几十位学生，家在那里。我也对他们讲过一次话，光景很好，穷苦学生都是纯洁可爱的。

求精中学搬到乡下去了，张海松牧师就住在这里，有好多次做礼拜都找我去讲话。张牧师这个人很有学问，也很有正义感，家里孩子很多，抗战这八年，他受罪不小。做礼拜的地方在个楼上，因为有地板，觉着干净得很。领圣餐的礼节，实在给人很大的教训。大家用一个玻璃碗，有点儿不大卫生，不像我们美以美会，是每一个人一个玻璃杯，那样子讲卫生。重庆有一个圣书公会，专是卖《圣经》的，是林天和牧师负责的。每逢开会，张之江先生和我都是到的。

在北碚有张之江先生办的国术馆和体育专门学校，他的办法也不错。他是六十几岁的人，练起体操来谁也比不过他。他特别注重体育的原因，是看了我们这几年来考空军的人，一千里头只有二十个人合格。这样将来我们要大量地练空军，我们还能去外国招学生吗？不是什么别的学问不够，完全是体力太差。他在陆大三年，同学们都佩服他守规矩，能给大家作模范。他入陆大的时候是求我保荐他的，蒋先生批准了之后，他又不愿去了。我把他严厉地批评了一顿，说不去不成，结果很好地毕业回来了。钮惕生（即钮永建）先生看见张之江毕业回来了，他也叫我保他入陆大。他没去成，大概因为他是考试院的副院长的缘故。钮先生跟我当过参议，既有学问，又很谨慎，是个真正的革命党。张之江先生和钮惕生先生的身体精神都非常好，可是要比着德国的兴登堡还不敢说怎么样。兴登堡八十七岁死的，八十六岁还骑马阅兵。我常说，假若世界各国都派个代表开个大会，有人说，你们中国若能有一个八十六岁的上将还能骑马阅兵，那你们就算第一等国家，我们就没办法了。可是我们要找四十岁的将官可就多得很。

如克鲁泡特金，八十岁在德国边界上住着的时候，有几个美国人去看他，他的看门的说：

“先生没在家。”

美国人说：“若是先生躺着不能起来，或者是咳嗽得厉害，请你告诉说，我们是慕名来拜访他的，只跟他拉拉手，不同他说一句话，就可以了。”

看门的说：“先生出去打猎去了，十二点要回来用午饭的。现在十一点半多了，你若想见他的话，请你坐在这里等一等。”

美国人等了几分钟，看见老先生背着猎枪，枪上挂着两个野鸡。老先生须发皆白，精神饱满。美国人问他：

“你就是克鲁泡特金先生吗？你怎么还去打猎呢？”

他回答说：“我们俄国要大革命，我已经签了字，到最前线去。我每天得练瞄准几个钟头，不然的话，我在前线上不是白送命吗？”

拿这一类的例子来看，假如世界代表开会的时候，有人提出来说，假如你们中国能找出一个八十岁的还能签字去革命，又每天去瞄几点钟的准，只要找出这么一个来，你们也算是第一等国家。如果这样，那一定要了我们的命了。我们民族的体力不健康，这是一件很危险的事。张之江先生提倡国术，也有人反对的，以为这是落伍的办法。实在说起来，各有各的好处，若是我们不能普遍地西洋化，那就不如人人按着时候练几套武术为好。

在献金的时候，我在北碚。有一家姓冯的给他儿子结婚，找我去证婚。行礼的时候，堂屋里搁不下，就屋里一半屋外一半。这位冯先生讲话的时候，背了一篇文章，背了一半他忘了几句，老半会儿才想起来。他的儿子也是背了一篇文章，那就更不如他父亲了，结结巴巴背得更不清楚。我讲的完全是人人懂的通俗的白话，要紧的意思，是乡间习惯，虽然活到六十岁，只要你没结过婚，那总算是孩子，结了婚就是大人。什么是大人呢？说起话来入情入理，做起事来，能通人情，能合道理，应说的要说，应做的要做，如何对父母，问冷问暖，问饥问渴，那都是非常重要的事。

事后我想到，这位冯先生真是可笑到万分，不知道为什么要背一篇文章，我想他是穷人乍富，不该装的地方他要装。其实用不着，有学问的人用不着装，越装的人，越显着没有学问，这是一点儿不错的。

这个时候出了一件惊天动地的事，就是松岗洋右到苏联和斯大林元帅商量的结果，日苏协定成功。松岗洋右临走的时候，斯大林元帅亲自送到车站，这样一来，谣言就都出来了，说什么话的都有。一天，蒋先生问大家的意见，一位一位地说，就有两位高谈阔论地讲道：这还不是明明地瓜分中国吗？潼关以西一定划归苏联了，潼关以东一定划归日本了。一面说着，一面装得像先知先觉一样。从这一次的谈话，就更明白了，他们装着像有什么似的，实际肚里是一包草。就这样一天一天地过去，一天一天地明朗化了。

当德国希特勒袭击苏联的时候，我们这里有好几位在蒋先生的吃饭桌子上，说苏联一定败，德国一定胜，好像德国要打了胜仗，他自己能得到什么便宜似的。孙哲生、于右任和我总是说苏联一定打胜仗。有人说斯大林元帅杀了很多的苏联军官，恐怕军心不稳固吧？我们总是说，不然，若不杀了这些人，他们要在军队里干起来，那才是不得了呢！

有一次，说到日本，在张鼓峰和诺门坎地方，苏联同他打起来，日本吃了大亏，可见日苏早晚要打起来。至于斯大林元帅送松岗洋右，那就证明了斯大林已经知道德国一定打他，他必须向一方面暂时妥协，方能持久作战。一点儿不错，果然是这个样子。

报上登着苏联后退后退又后退，这个时候苏联大使馆请客，也不用黑鱼子了，菜也减少了，可见人家是与国家同忧同乐同甘苦的。又过了不久，日本鬼子袭击珍珠港。这明明是因为罗斯福大总统领导着美国主持正义的缘故，他们眼光远大，又有正义感，又真正是个民主国，所以他们能够在世界上做第一等的国家。这个事情一发生，我们开了个正式的中央常务会议、国防最高会议，马上也就对德、意宣战了。

日本袭击珍珠港，有知识的人都看透了，这是日本闹“五·一五”“二·二六”两次大屠杀案所决定了的。这一次的袭击珍珠港的事情，他们是要把他们的老成持重的人一下子都杀净了，不但白头发的要把他们宰了，就是五十岁以上的也把他们一个不留。自命是少壮派的人们，就是这一个袭击把日本国弄亡了。由此可见，老成谋国，老成神算，是何等的重要。今天，我们的政府里头，还有人正在学习日本少壮派呢！也要学着他们走什么路，这种不知深浅的办法，恐怕要给中华民国弄出一个大祸乱来。

我记得秦穆公见百里奚，降价而迎。寒暄之后，看他满脸的皱纹，秦穆公说：“先生高寿？”百里奚说：“七十三岁。”穆公说：“好是很好，可惜老了。”百里奚说：“今后若用我推车挑担确实老了，无能为矣，若用我谋国家，比姜尚还小七岁呢！”穆公说：“失言，失言。”拿这一段来看，就知道国家的大计，不是推车挑担跑路的事，乃是学问阅历经验，若尽用些半生不熟的人来谋划国家大计，那危险极了。北方的俗话有“二百五”（半吊子），河南、山东就说是“红砖”这一套的名词，都是指的半生不熟。半生不熟吃什么都会得病，不但大米饭半生不熟不能吃，就是面条也不能吃，只有鸡蛋半生不熟吃了不要紧。可是治国不是吃鸡蛋哪！清朝亡国，亡到振贝子（即载振）、涛贝勒（即载涛）这一般人手里。日本亡国不是亡在土肥原、松岗洋右等这一般半生不熟的家伙手里吗？我们的国家面临着大难，应该对这一点特别谨慎，特别小心。

同我在一起逃难的朋友，如宋修德，他是陆大毕业的，先到孙连仲那里，后来到刘汝明那里当了参谋长。这个人个儿不高，四方脸盘，忠诚笃实。很可惜，他得了个腰痛病，时发时愈，把他累赘不轻。

有一位叫崔贡琛的，也是陆大毕业，到了刘汝明那里当过师参谋长，后来当军参谋长，最后当了师长。胜利之后，忽然调任后方兵站的副司令，不知道什么缘故。我想，除了特务报告以外，没有别的理由。

有一位吴组缃先生，是清华大学毕业的，不但汉文好，而且人极忠诚，慷慨义气，丝毫不苟。为了抗战，营养不够，他害了肺病，简直什么罪都受了。有一次，说有人劝他入国民党，不入党的不能当公务员，他说不当就不当，我就不入党，也就过去了。由此可见，这个人的骨头是很硬的。

有一位熊冠民先生，是山东人，汉文很好，以前给我当过秘书长，为人和蔼谦逊，受尽了苦难，我为他挂了一个上校秘书叫熊正大的名字。他的血压很高，也是为了忧国忧民的缘故。

有一位王冶秋先生，他原来在自贡市一个中学当教员，我请他来教我白话文。他很客气，为人热诚爱国，工作起来不遗余力，这几年的抗战，也是营养不够，吃苦很大。

有一位赖兴治先生，是四川内江人，在北大读书，为人忠诚谨慎，是他应办的事，都是万分努力，不但是一位天才，而且是一位真正勤勤恳恳的人。在献金的时候，他特别地出过力。我保荐了他，蒋先生把他送到美国去，学工厂管理法。在美国半年之后，他就能直接用英文演讲，这是多么可爱的青年。

有一位张雪山先生，也是在我这里帮助写过稿子，后来在山东打游击。几年的工夫，出生入死，弄了十几团人，在鲁北、鲁西打死日本鬼子很多。胜利之后，他就离开了山东。这位年轻的山东人，就这样可惜地离开了自己的岗位。

李时甫八年以来，由参谋长而师长，由师长而军长，由军长当了第四集团军的总司令。他是河北人，保定军官学校第一期毕业，品学兼优，谋勇兼备，真是一位明大义、识大体的模范军人。他这一军，两万多人，连死带伤的总有八千左右。

赵寿山，他是陕西人，保定军官学校毕业，也是跟我当过参谋官的，后来当师长、军长，也当了总司令。此人勇敢善战，最能得兵心，所以连年抗战以来，他能够百折不挠，始终在最前线上。这真是第一等的将领，可惜不断地被人排挤。

山东、河南、皖北各地的旧朋友，忠贞为国的实在不少，不过因为受人家欺骗者有之，被人家遗弃者有之，迫于义愤者有之。像刘郁芬、门致中两位，是做过某君的上宾的，到了武汉很诚意地拜访过某君，好多次都不得见面，弄得没有办法，他们才走了。我想像他们这一类的朋友，因为生气闹成这样的，必是很不少。

我听见好几个人说，孙某的军队纪律严明，身体精壮，武器很不好；反过来说，某某部队武器很好，都是美国式的，可是纪律太坏，身体又很衰弱。这怎么讲呢？我的朋友白先生说，这样子太不好了，这是我们胜利后的一个顶大的缺点，这一点若是不改正的话，恐怕要使国家受到一个顶大的损失。

有一位姓张的，是山西人，在天津当电话局长，同日本鬼子反抗过多次，几乎被日本鬼子把命要了。他到重庆来，在财政部里做了个小事，是很努力很热心的人，很能任劳任怨。他对我说：

“节约献金的事，最好到外县去发动发动，定然很有成效。”

他给我借了车，也预备了汽油，还找了一位盐务局的朋友陪着我。我先到了内江，第二天就到自流井，住在盐务局的招待所里。这里有刘仁庵市长，他是成都人，很清廉，很能干，他的老先生是一位很有名的医生，从成都给他写信来说，只要你能做一个清廉有为的官吏，我看病赚的钱就都给你用，首先就给他汇来十万块钱到自流井银行。本地的绅士都知道了。看这位地方官同一切的地方官都不同，他的生活开支都是用他自己的钱，再加上他谦逊和蔼，认真做事，结果，人民对他非常好。

这里的盐务局长姓曾，名仰丰，号景南，是福建人，美国留学生，曾在天津一带做过盐运使。他也是工程师出身，个儿不太高，精神饱满，中外学问都好。他给我讲过中国盐政史，把管仲、刘晏抬举得很高。他说，近代为盐务真正谋利的人，就是一位英国人，名叫丁恩，是第一把好手。他说丁恩在中国每一个出盐的地方都仔细看过，他把盐务的弊病和利益都看得十分清楚，把中国的盐务制度给改革了，结果是有知识的人没有不赞成的，也没有不佩服的。最好的地方，就是盐务人员生活有了保障，不许他作弊，他们的家庭生活、住房、教育、卫生、有病有灾、老了、死了都有确实的办法，所以盐务人员没有一个不实心实意地去工作。这叫什么呢？这就叫制度好。我们而今有些人，把这个意思弄错了，以为训练是要紧的，他不知道他自己生活无保障，家中老少生活无保障，管你怎么训练，他都不会好的。这实在是顶科学的办法，制度所以要紧，就在这一点。

我在这里对盐务考察之后，我给蒋先生写过一封信，说的是兵吃不饱穿不暖的原因是因为国库没钱。国库里想有钱，想许多的新的门道出来是很不容易的，既容易招人民反对，又增加机关和官吏太多。为了收复失地打胜仗起见，不如就从盐斤上加价，机关官吏都不要增加，又不费什么事，可以办成功。曾国藩、李鸿章的时代，他们向洪秀全、杨秀清作战，也是没有钱，办了一种厘金，扰民很厉害，收入并不甚大，后来找着盐商，商量好了，一斤盐加几个制钱，可是收入的数目就很大了。淮河流域的盐商们，他们什么都不要，只要有他们一个“淮”字，他们出多少钱都愿意，淮军之所以得名就是在这一点。曾国藩、左宗棠、胡林翼、李鸿章他们能够成功也是在这“盐”字上下了功夫。我们今天要战胜日本帝国主义，必须注意这一点方能有办法。后来果然有了成效。

这地方开会，光景很好。开大会的前一天，在一个大戏园子里，我讲话完了之后，马上就有个老太婆把她攒了三十年的二百块现洋献了金。开大会那一天热烈极了，有一个小女孩九岁，拿着个金戒指来献，挤不到台跟前，就在台下边哭了。她说她要献金，不准她献不行，不收她的不行。她还说，救国她也有责任，不能轻视她。曾景南先生和缪秋杰先生是一样的作风，看得到做得到，敢做敢为，又有胆量。如自流井的一个中学，那房子盖得好极了，是照着南开中学的样子盖的，这个钱花得真是值得。教育本是国家的性命根本，无论公私，大家都应提倡。这里有个校长叫韩叔信，是在南开毕业的，很谨慎小心，学校办得很好，规矩也很严正。

这里有一道河，多少年来都是一下大雨河里就是洪水，沟满壕平，雨下过去一半天，水就流光了，船是不能走的。曾景南先生在这里修了一道大闸，把水闸住，很大的船都能走了。这个闸就叫庸公闸，那是因为孔庸之当行政院长的原因。闸旁边能行船，那个行船的方法是仿照巴拿马运河做的，做得好极了。很大的船，载的分量很重，都能平平安安地行走，这真是改造天地宇宙的办法。后来，过了三年多，账目报到财政部就不给他销账，孔先生离开了，财政部长也换了，说是谁修的谁自己拿出钱来，账不准销，可把曾景南急坏了。我听了这个话，去跟蒋先生说了。我说：

“这太没有道理。”

蒋先生说：“万不能这样办，我来招呼财政部。”

过了好久才把这个案销了。

这里第一次献金，是二百几十万。这里帮忙最大的是朱秀峰先生。他是这里的总工程师，河北省人，大个儿，红脸，浓眉毛，大眼睛，说话爽直痛快，最爱国家，又最好交朋友。他在绥远呆过，跟我同过事，他见我来做献金工作，十分喜欢，十分帮忙。

我从这里到威远，那是参观黄金沟煤矿去的。从威远过，他们那里正开运动大会，截着我，找我下去讲话。我讲了三十分钟的话。后来知道，他们成立了献金分会，头一次献金是五十万。到了黄金沟，这里的矿长是郭象豫，河北省人，高个儿，北洋大学毕业生，说话有点沙音，他把这个地方创造成新天新地。原来是毫无人烟的地方，经他的手创造了一个很庄严的新世界。这个人既有能力，又有办法，对国家忠诚极了，无论是长官朋友对他都很信任佩服。经我一次对他们的人员讲话之后，他们就决定了，写了每月志愿献金书。那时候钱值钱，他们每月献二万八千元，头一次献的还不算，以后又陆续有增加。这里完全是机器开采煤矿，为工人搞的种种福利，如洗澡一类事情，办得周到极了。

从这里到荣县，县长叫黄希廉，是我办的西北干部学校的学生，冒尖得很。在这一县里头，他把本地的父老得罪不轻。这里有一位姓赵的，名叫熙，号尧生，有七十多岁，很精神，很健康。我给他写了一副寿联，他也送了我一个中堂。这里有基督教会，牧师是英国人，办了一个很大的医院。这里交通这么不便，能有这样一个大的医院，谁也想不到。这也是给我们教训不小的一件事情。

这位县长，真是一位找事干的人，在这一县各乡镇里头都修了汽车路。老百姓们说，我还没看见过汽车哪！修路要占用很多好地，用许多很有用的工人，因为这样，老百姓们就很不痛快他。可见做事是先要把话说清楚，使老百姓都能明白就容易办了。

这里最好的一桩事情，是每天早晨都有朝会，学生们、公务员们一早都要到的。小县城的人们，都知道爱惜光阴和遵守时刻。更有一件很好的事情，就是男女孩子们都得上学。这些孩子见了人都得行礼，可爱极了。由此可见教育太重要了。

这里有一个年轻的会画画的，给我画了一张像，拿来给我看，要我题字。他问我：

“像不像？”

我笑了笑，说：“很像。”

黄县长问：“像谁？”

我说：“像我表弟。”

我为了鼓励起见，还是题了“冯玉祥”三个字。

县长屋里放了一杆步枪，我问他：

“干什么用的？”

他说：“这个地方不大平安，我带了好多人打土匪，好久才打平的。”

他现在还时时刻刻防备有事。

我说：“备而不用是好的，但是不可常常地拿枪动家伙，使老百姓害怕。”

他这一县里献金还算不错，后来因为地方的百姓和党部都反对他，所以他在献金这件事上表现得并不很好。

到了五通桥，这里是一个产盐的地方。有个黄海化工社，有许多很好的科学家。有一位孙学悟先生，他在芦台、天津一带就办黄海化工社的事。日本人出多少钱请他去，他不去，他不愿意多拿钱替外国人办事，他宁肯少拿钱，也愿替中国人办事。我在这里看见了一个老朋友刘站长的儿子，也是一位科学家。他研究了用汽车的马达从井里往上提出盐卤，代替了牛力，这一件事救了不少牛的命。过去许多牛聚在一起，常常发生牛瘟，现在牛瘟减少了。另外，过去牛太多，到了冬天没有草吃，就把山坡上种的甘蔗砍下来喂牛。有了这个发明，许多的甘蔗都可用以做糖了。这是一件为国家、为人民、为社会谋利益的事。这位刘先生名字叫刘学义，有三十多岁，个儿不矮，胖胖的，是一位很诚恳很努力的青年。他父亲民国元年在北京西边三家店车站当站长，名叫刘锡廷，人很好读书，很注重孩子们的教育，所以他的几个孩子都很有出息。

五通桥的区长龙则灵，很年轻，小个儿，很有精神，说起话来有条有理，头头是道。他为了节约献金救国运动的事，很是努力。这里的盐务分局局长丛保滋，也很努力。盐务局里有一位女先生来献金，说起来才知道她的先生是位医生，因肺病死了，她的戒指已经陪着她的丈夫埋到坟里去。有她先生名字的戒指，正在她手上戴着，同着她的一副耳环，一起献了出来。我说：

“你还有两三个小孩，还要你养着，你拿回去卖了养活他们吧！”

这位夫人说：“有我先生名字的戒指，除了献给国家以外，没有法子对得起他。不卖钱给他的孩子，是愿意叫他的孩子知道国家比他们要紧，只要国家好了，他们就不会当亡国奴了；若是国家不好，不论他们吃得多好，穿得多好，都是没有用的。”并且说，“老靠当汉奸过日子，吃的越好越丢人，穿的越好越可耻。”

就这样，我把她献的东西收下了。

丛保滋先生约我到一个山上去，那里是从前盐务局外国人住的地方，讲究极了，房子好，院子好，有树木，还有草坪。我在这里洗了一个很痛快的澡，并在这里用了午饭，说了许多关于管盐务的事：英国人走了，我们自己管了，我们必须比英国人管得更好才对。尤其是正在抗战的时候，我们更要时时刻刻地警惕、奋勉、努力。

后来就在这里见到一位陕西的朋友，也是关中的豪杰，谈起话来，才知道都是国民军的老朋友。他耿直实在，不会运动，不会巴结，净是说实话，所以他跑到这个地方来养胃病的。后来我在成都买着了鹿茸精给他寄去，他说是吃了那种药好得多了。那一天我是走回来的，也有十里路，沿途上看那风景美极了，中国到处都是锦绣河山，实在应当好好保守，不应当叫外人夺了去。

第二天，我到永利工厂去。他们办公的地方叫道士观，沿路上的百姓摆上桌子献金，几十，几百，有工人，有穷苦的农民，有男女学生，一段一段地把车挡着，截着我献金，每一段我都给他们说几句话。到了永利公司，一进门有一个影壁，上头写了几句话，好像是他们的公约，一是破除迷信，二是信仰科学，三是认真实干，四是俭朴勤劳，还有两条记不清楚。我很佩服他们的办法，这才叫简单明了。他们集合了工友和眷属，来请我讲话。我讲完了话，他们马上决定了一次献金和永久献金的办法。后来知道在二十里路外还有工厂，也是同他们一样决定了一次献金和永久献金的办法，这是出人意料的事！后来到了这里的大桥上看看，很长的大桥，两边都是河。这个地方上的商家都很热心，我同他们谈了话，我佩服他们有见识，也有眼光，不像那些没有知识的商人，光想自己弄钱，不顾国家的存亡，他们很痛快，很识大体。这里开献金大会的时候，光景很不错，临走的那一天，同很多的学生照了一个相。走了不很远，就到了一个探深井的地方，是用机器钻了一千几百米深，他们还要继续往下测探。这个地层里有一丈八尺深的煤层，这是以前都不知道的事情。最有意思的，是把地里头几千米深的地层取出一寸径的东西来，一块一块地摆得好好的，这样大家一看都清楚明白了，这就叫科学。

这里用的钢丝有一寸多的直径，是从德国买来的。现在德国已经打起仗来了，就从美国买来运到印度，由印度用飞机运到昆明，用汽车运到自贡市，再运到五通桥。钢丝来不到，这里就停了工。四千多尺的深井抽出来的黑卤，气味很大，盐质最重。

从这里看出来，我们的国家真是落后，最大的原因就是我们的工业不进步。钢丝不能来，我们就得停工，为什么我们自己不能造钢丝呢？实在说起来，我们应当自力更生，应当自己能生产，不应当依靠任何国家来生存。今天这件事是万分重要的事。

到了牛华溪，这个地方有二十四道街，买卖都很兴盛，什么东西都有。这里开了一个临时的大会，献金也很踊跃。这个落后的地方，当然免不了迷信，有好多老太婆抱着他的孙子、外孙来找我抱一抱。都是几个月的娃娃，有些孩子胖胖的脸，黑眼珠瞪得很大，很大方的，满不在乎，看那样子被我抱了，他是很美、很舒服的；也有的孩子刚一抱，哇的一声哭起来了。在这里看得出来，老百姓是人人爱国，老百姓的力量是大无边的，就是应当向老百姓学习。

距这里不远便是郭沫若先生的家，一道是沫水，一道是若水，他就住在这个地方。我很想到他家里去看一看，可惜时间来不及了。碰见了他的一位同学，他把郭先生家里的情形给我说了一点儿，说郭先生是一位很努力读书的人。同这里的老百姓谈一谈，发现他们真是聪明伶俐，俭朴诚实。这样一看，人生在世界上，谁若是自圣自贤，自骄自傲，自大自恃，那谁就是傻子，谁就是一个最不聪明的。只要你肯仔细看，你就知道了，在老百姓当中有许多圣贤，比那有知识的还有知识。

到了嘉定，就是乐山县，清朝的时候是嘉定府。这个地方出产很丰富，文化也很高，紧靠青衣江，西南上有四县，即雷波县、马边县、屏山县、峨边县，是汉夷杂居。夷人是怎么样的情形？他们以大梁山为根据地，周围很宽广，风俗言语都跟我们不同，常常闹事。打进来的时候，一个是抢东西，占地方；其次就掠了人去当他们的奴隶，并且是任意买卖。我们这边上的（汉）人跟他们来往的很多，教给他们一些不良的方法，如种大烟等。他们弄大烟来换手枪、换步枪，久而久之就会发生民族冲突。假如我们有人办事的话，我们应当用教育的方法教育他们，一面保留他们的语言，一面输入我们的语言。这本来是总理的遗教，为什么不办呢？若是办的话，我们就不必派队伍去防备他们了，队伍就可以拿去打日本鬼子，而且这些夷人也是我们的同胞，他们也能同我们一块儿去打日本鬼子。这样一加一减，这个力量差了多少？到今天对边疆少数民族的教育，还是万分重要的。

这个地方不久以前设过一个财政部的税官，有很多种抽税的方法。老百姓们一看都大吃一惊，人越聚越多，一下子把新设的一个关卡包围起来，要打办税的人。他们要兵保护，这里的军队就把机关枪架起来了，越说越厉害，危险得很。这要一开枪，一定要死很多的人。这里有两位绅士，一位是蒋焕亭先生，湖南人；一位是刘裕周先生，商会会长，已是八十多岁的人了。两位先生出来说和，说和不下，他就站在机关枪口前头，无论如何不能让开枪打百姓，就这样才把事情说和下来。

由此可见，抗战时候的财政是多么艰难危险。若不新设关卡，利用原来的盐务机关，那够多么省事呀。不知下情，这是最不得了的一件事，轻举妄动，常常闹出大事来。

在这里有武汉大学，校长是王星拱先生，有五六十岁，性情和蔼，道德学问都很好。找我去讲话后，学生们对节约献金救国运动的事非常拥护。有一位工学院院长，安徽人，谭声乙先生。工学院的设备还算不错，他制造了很多机器，卖给旁的机关。一个学校能制造钢铁的东西卖给别的机关，我还是第一次看见过。在他们的毕业典礼上，我给他们讲了话。

有一天给小学生们讲话，刚讲完了就有个十三四岁的小女孩上台来，请求我帮他们的忙，向教育部说一说，把这一本书的字印好一点儿，他们实在看不清楚。一面说着，一面拿小学教科书第六本给我看。我一看那个字真是太模糊了，怎么也看不清楚是个什么字。学生又说，这本书在兜里放几次就碎了，我看了看，一点儿不错。我答应了马上回去就给教育部写信，并将这一本书也放在里头。后来陈立夫先生复了我一封信，说是正印着，不久就有好纸印的书出来。几个月之后，我接到一套小学教科书，果然纸是好的，字也很清楚。

在这江的对岸，也有一所完全小学，找我去讲话。我走到半路上就看见三十五十的小朋友们在路上等着欢迎，他们喊的是“小朋友欢迎大朋友”的口号，很快乐欢喜的样子，蹦蹦跳跳的，高兴极了。

这一天讲完了话，大家在一起会餐。就有一点不好，孩子们的菜没有客人们的菜多，我觉得这样不好，菜多就都多，菜少就都少，有多有少相形之下很不好看。我记得是在灌县夏令营，一次是张文伯先生请我同那一队在一块儿会餐，我们在当中桌子上吃，菜多，学生们的菜少，我觉得太不好意思了。又有一次，是在灌县夏令营的大操场上，是朱家骅代表党里做主人，那天也是那个样子，台子上的主人们，反倒菜多得很，好得很，客人们反倒菜又少又坏，那些青年学生吃了两口就完了。他们也很不客气，看见做主人的桌上大鱼大肉还很多呢，他们就端着菜盆子对着台上嚷起来，说：

“党部里请客，我们还没吃两嘴就没有了，你看你们做主人的反倒一桌子鸡鸭鱼肉。”

弄得朱家骅可说是无所措手足了。他只是说：

“请你们原谅啊！请你们原谅啊！”

那些青年孩子们说：“我们原谅你，肚子怎么原谅你？”

我们下了台，围着他们周围走了一圈，看那碗里实在是没有多少菜。

这个学校是一位范先生做董事长，倒是很有钱的，四川人最大的好处是有钱肯办学校。

这江的对岸不很远的地方，有一个大佛，那是就着那个大山凿的，耳朵眼里能站下两个人，那是一点儿不假。中国人有钱去干这种事，他也不去拿着钱研究科学，尽去弄空的虚的，这多冤呀！

这里有个大庙，也招待客人，清洁雅致极了，和尚们说话也是说神仙怎么有灵怎么有灵，好多笑话。这一天开献金大会，到的人真不少，因为这里有一位韩文源很帮忙，中央银行有位办事的陈祖辉先生，更是热心得很。献金的那一天，开起大会来，忽然从正东来了一些人，放起鞭炮，敲着锣鼓，抬着食盒。四个食盒装得满满的，全都是法币。这里还没有抬上台去，东方、南方都放起鞭炮来了，打着鼓，敲着锣，也是十个、八个抬了来。光景的热烈，真是向来没有看见过。这个地方献金比自贡市还多，最难得的就是大家的爱国心是纯洁诚恳的，是拥护抗战的。

这里有个织绸厂，织了绸子就做降落伞。降落伞一做好，就用卡车运到飞机场去。到了飞机场，空军的将士就马上背上它飞将起来，同我们全民族的仇人日本鬼子打仗去了。一棵桑树，一条蚕，乍然一看那有什么关系，可不知道都与打仗有关系，这就知道平素不注意的一点小植物和一点小动物，都有很大的价值。

这里有个印票子的地方，叫大业公司，我去参观。那些办事的人，有的是以前认识的老朋友。他们报告我他们艰难困苦的情形，我对他们为国辛劳的奋斗精神慰勉了一番。

离开嘉定，就到夹江。这是个很小的县，县长姓王，也很热心。这个地方献金的数目虽少，可是爱国的精神很好。正开着献金大会，那不远的地方失了火，好在走的人不很多，没有影响到这个会。这是什么人干的？这是居心破坏抗战的人干的勾当。献金献得多，士兵们就吃得饱穿得暖，自然能打胜仗，为什么破坏献金呢？这真是一种低能的手段。

我在这个地方看了看造夹江纸的地方，是很有意思的。如果能多用些机器来造，那就更好了。

离开夹江来到眉山县。县长姓张，名字叫玉阶，是四川资中人，有四十岁左右，很精明，说话也很清楚，在党里做工作做了很久。他迎接我有四五里路远，我约他上了车，一同到城里关了门的中央银行的空房坐下。没多大工夫，他就说，这个地方去年旱了，今年又没收，献金的事恐怕很难办。我说：

"你不必说好办难办，请你记着，大家就是献了十万、二十万，你一个落不着，我一个也落不着。大家一文也不献，你也穷不了，我也穷不了。"

我又说："你什么也不要管，只是把父老们集合在一起，我来同大家讲讲话，就有了。"

就这样，约定午后四时，请地方上父老来到一个礼堂里，我对他们讲了两个钟头的话。随后我问大家有什么感想，有一位团里的青年王超父马上站起来说：

“我们应当用所有的力量，来拥护这个节约献金救国运动。”

接着，几位老先生一个一个站起来，都是泪流满面，他们说：

“出钱、出力、出命，为了抗战是我们的本分，我们要用全力拥护这件事。”

从此就分开了队，分头活动。后来，听说有两个人下乡去了，他们听有人传说是冯先生来了，叫你拿多少，你就得拿多少，快跑开吧！这是从夹江过来的人宣传的，老百姓们不明白内情，只好躲开了。后来听说我讲话讲得大家都落下泪来了，他们就慢慢地又回来了。可见真诚为国的事，也免不了有人从中破坏。这里献金的结果很好，在开大会的时候就有献金戒指的、献毛衣的。义卖的时候非常痛快，有一个卖件毛衣，五千块钱，一说出来，那个青年王超父就买了。本地中学教员杜重口先生，他捐了他画的很多本画，卖了很多的钱。这些人都不是很有钱的人，他们都这么热烈，实在是可佩服。我们在三苏公园照了个相之后，那位县长先生挨着我的膀子走，我说：

“张同志，你有什么话说？”

他说：“有一件事我不大明白，要学习学习。”

我说：“什么事？”

他说：“我在这里卖公债，把地方上的人请了来，对他们讲话，他们有的把耳朵捂上，有的如同耳旁风一样，三二十万的公债他们都不愿意拿；先生来了，什么也没拿来，就是有两片嘴，一开献金大会，得到那么多的款子，这是什么缘故？请先生教教我吧。”

我说：“不敢说教，只是盼望你多同老百姓站在一起，多跟老百姓在一起谈话，那一定会好的。”

14

献金琐记（二）

离开眉县，到了彭县。这是一个古老的城。城里有一位徐原烈先生，他写了很多诗歌和抗战的故事，都非常好，并为此花了很多钱，他的夫人和他的儿子都不痛快他。他儿子简直地对他说：

“你老了，要指望你的儿子养活着你，还能指望书来养活你吗？”

徐先生说：“你们不懂的，我到日本留过学，都是受国家培养，我应当努力救国，不应当只知有家，不知有国。”

他见人就说非救国不可的真理，有很多人受了他的感动。他还在城门上、县衙门口各地立了许多石碑，都是刻的要救国家，要收复失地的好话。我佩服他，写了对子、中堂送给他。别人看见了就说：

“你们看呀，还是爱国好，冯先生来到这里，请徐原烈先生吃饭，送他对子，送他中堂，怎么不送别人？”

因此彭县这个地方的人民就都热烈地做爱国工作了，这都是那位徐先生提倡的结果。

这里有个女子师范，那位女校长非常有爱国心。我对学生们讲了一次话，这里的女学生就把她们的金银戒指及各样的宝物、各样手工做的针线东西献出来了几百件。还有人把她没有穿过的皮鞋也献出来了。她们还表示愿意献上她们的生命，都愿意从军去。由这一件事情上看，就知道教育是无上的重要了。

这里开献金大会的时候，到的人很多，就是准备不够。许多人爬上台来没有路下去，这一条路能上不能下。有的乡间妈妈们上来了，但下不去。有人跟她们说，从后头屋里下去，她们涨红脸说："我们不上屋里去！"台下的人们都笑起来了。她们看见别的人都从屋里下去，也就跟着走了。有许多老太婆抱着孙子，找我抱一抱，她们说，可以免灾，可以避邪，可以去病。我对她们笑了一笑。献金大会光景很不错，数目也不少。

这县城外边有三个碑，一个是老彭的，一个是张纲的，一个是李密的。在我的《青峨游记》上写得很清楚，这里就不重复了。

离开彭县即来到新津县。新津县附近，正在修很大的飞机场。许多人都在这里做工，男的、女的、老的、少的，工程大极了。四川有的人对于抗战说是出钱、出力、出命，我说他没有说完全，还有出田、出地、出粮、出汗。大量的土地都拿出来了，交给国家。这是多么伟大的事啊，这是永远不可忘记的事！

这里的县长是赵崇炜先生，很高的个儿，半红半白的脸，看去很健康，说起话来非常诚恳。他自己首先献金十万元，他说这是他老母亲用谷子变成的钱，给她的孙女出嫁陪送的钱。他怕人家造谣言说怪话，先声明这钱是怎么来的。我很佩服这位赵县长，他真是一位身体力行的爱国者。在这个地方，我仍是每天对着各界演讲，如学界、军界、工业界、商业界、妇女界，一拨一拨地来。这个时候，已经是要数三九的天气，很冷了。有一位老先生是和张岳军同过学的，现在是这里中学的英文教员，中等个儿，有五六十岁，慈眉善目，一嘴很好的胡须。他说：

"天气太冷了，您就在这样的一个大屋子里，一点儿火都没有，穿着个棉袍子会我们。您知道我们穿的什么？"站起来叫我看，"您看是不是火狐的皮袄呀！咱们当个中学英文教员，在家里烤着火盆，您老人家这样为国家为抗战受苦受寒，那怎么样呢？只可把我们挣的钱献给您了。”他把大拇指一竖，头摇得像拨浪鼓一样，“没有话讲了，只可大家献金，声明一句，这是大家甘心乐意的献金救国。”

他说完这段话，我对他笑了一笑。

这个地方，这位老先生领导的有一个诗社，他们常常到对岸的山上集合些朋友作诗。在这个地方，真有这样的雅士，真是可喜得很。

此地也是有“袍哥大爷”的。多少年来四川的社会上，都是拿着“忠义”两个字来勉人，来自勉，虽然说是人类不齐，可是忠厚长者，肝胆义气的人，居最大多数。

有一天，我同赵县长从他的县公署出来，正遇见一位老汉。他一把手抓住了我的棉袍，紧紧地不放，说：

“冤枉啊，冤枉啊！”

我说：“老人家有什么冤枉啊，慢慢地说。”

他说：“我的儿子被拉去当兵去了。”

我问他：“你知道是谁把他抓去的？”

他说：“不晓得。”

我说：“你知道冯玉祥就是被抓来当兵的，今天当了国民政府委员。将来你的儿子也要当国民政府委员的，到那个时候，你老人家必须请一桌客谢谢人家。你连人家的名字都不记得，将来下帖怎么下啊？”

老人家笑了，说：“冯老先生你尽同我打岔。”

我说：“不是打岔，说的是实话。你看国家有事你的儿子不当兵，我的儿子不当兵，那样，我们有了机关枪、大炮，还能叫英国人来替我们放吗？你老人家的意思是不是找美国人和苏联人来替我们放机关枪呢？”

说到这里，老人家很诚恳地点了点头说：

“冯先生，我明白，明白，我不要儿子了，我听你的话。”

围观的许多老百姓都鼓起掌来，笑起来了。

距城不远的地方，有个大庙，有人说叫忠孝堂。我去一看，真是伟大得很。它分四个大院子，是忠、孝、节、义四部分。它把自有历史以来的可敬可佩、可歌可泣的人物，都挑选下来，按着那时候的情形塑成像，用大赤金贴了的。听说是一位商人做买卖赚了钱，他把所有的钱用来做了这一件极有教训、极有价值的大事。依我想，这在全中国是独一无二的中国神仙庙。

很使人难过的一件事，就是有些小偷儿，他们从后头跳进墙来，用什么药水把那些塑像身上的贴金都给洗去了，洗得那些塑像很难看，真是可惜得很！

这里开献金大会的时候，非常热闹。台子上下的道路都准备得很好，分两行上来，自由献金，整整齐齐，欢欢喜喜。事情真凑巧，因为人来的太多了，把那六七百步远的一个煤厂门前的砖柱子给挤倒了，砸着两个人，并且砸得很厉害，这是多么可惜的事啊！我又送了些钱，派人去看这受伤的朋友。献金的结果很不错。赵县长对我说，双流县县长是新换的，是东北人，同本地的人不太熟悉，愿意帮忙同我一路去。

我说："很好。"

他到了双流帮忙很大。那里献金的故事，很动人的就是一位朋友把他的田地拿出来献了，感动得大家不断地鼓掌，还有落下泪来的。原来大会准备在文庙里开，后来知道容不下，又改到公园里去开，还是挤得满满的。这个地方因为挖防空洞，挖出来两扇晋时的墓门。那石头有三尺高、四尺长，上面刻着人及孔雀的像，存放在大堂前头，那是怕被旁人弄走的。

吕县长是个高个儿，很精明的东北人，原来在省政府做事，看样子是一位谨慎小心的人。这个县虽然很小，但献金的数目也不算很少。

离开双流，就到成都，先去看张岳军先生，看他正布置过圣诞节。院子里有很好的一棵大松柏树，有许多带着白毛的小金球，看着好像下雪天里的星星一样。寒暄之后，我就把节约献金救国运动的大意说了一遍。岳军非常赞成，我要走，他说请我看一看有圣诞老人带来的礼物在树根底下。我过去一摸，摸了个很大的纸包，那就是张岳军先生首先献的一万元钱。这一天我住在蓝文彬先生的家里。他这个房子不中不西很高大，总算是独出心裁的办法。一个大长院子，有几百步长，也有五六十步宽，满院都种了苹果，北头是五开北房，上头有五间楼，还有个大高台子；西边当中也有个高台子，上面有四五间房像个客厅。我住在北边的东头一间里，前面是客厅，后边照拂人住的，就这样马上开始了节约献金救国运动。在这个地方，同省政府、市政府接头的人就是王冶秋先生。王冶秋先生是北大毕业的，对于国家的事非常热忱，说出话来很有条理，所以同人家接头办事情，人家都喜欢他，愿意同他接头。这里有几位帮忙的先生，像孟简涛，他是省政府的秘书主任，河南人，大高个儿，两只大眼睛，很有学问。我认识他是在一九一五年(民国四年)年底，他在叙府(即叙州府)一个河边上蹲着，问了之后，知道他在叙府南一个县里做县长，被云南的军队把他赶了，他丢了个光光的，什么东西都没有。从此，他就和我们在一起，并且成了好朋友。这回他帮忙很大，他自己保存的古人对子，还有别的东西都献出来，这些东西都值很多钱。还有一位就是余中英先生，他是市长，这个人精明干练，办事有方法，有手段，他帮忙很大。

头一天，是张岳军先生在励志社请客，请的有文的武的，还有地方上的绅士，共四五十位。首先由岳军先生介绍我，他说我是他的老长官，在国民军，在军政部，我当部长，他当次长，叙述了一回。后来就是我讲话，讲了两个钟头，不外乎节约献金救国运动的事，说了许多故事给他们听。讲完之后，第一位说话的是张表方先生，他说这个献金运动，也正是收复失地运动，我们每一个国民都应当竭尽全力，拿出我们所有的来救我们的国家。接着就是一位一位的，都是赞成这个办法。过了一天，华西大学校长张凌高在他家里请吃饭。他说：

“这一次的运动成效一定不错。”

我说：“你怎么见得呢？”

他说：“成都这个地方，只要是叫老百姓出钱的事，张表方先生总是第一个反对的，他总是横着插一杠子，叫这个事情难办。这一次出人意料之外，头一个赞成的就是表方先生，这样结果，一定不错了。”

秩序排开了，民众分为内中、外中、内南、外南、内西、外西、内北、外北；学界分了几天，商界分了几天。本来是一天讲两次，后来讲到三次、四次，最多的一天讲到六次。

有一次在青年会大门里头的一个大电影院子里讲话，到的人很多，我讲了两个半钟头。刚讲完之后，严啸虎司令拉着我的手说：

“我给先生上个条陈，就是讲完了话，大家就在这里献金，不要让他们回家去。”

我说：“怎么讲呢？”

他说：“听完了您的讲话，要我的命，我都愿意马上献出来，那还用说献多少钱吗？当然有多少都献出来。可是若一回家同太太一商量，至少也要打一个五扣。若再过两天，小孩子们又缴学费了，三弄两弄都忘掉了，那自然献金不能献多了。”

大家都笑起来了。我说：

“也不一定，还有些人，他的太太比他更爱国，夫妻俩一商量，比他个人献的更多也是有的吧？”

这几天在各处讲话，有的要献房子，有的要献地，有的把他工厂出的东西都献了出来。一位东北人姓刘，他献了很多包牙粉，他是按月献金一次，热诚极了。还有边疆服务处的几十位朋友，听了我的讲话，马上决定了一次献金和永久献金。

这里有《田家史》月刊，负责任的是张雪岩先生。他很热心，把每天我讲话的消息都介绍出去。

一次，在一个小学里头讲话，忽然有个人来说：

“先生你可不要走，我父亲要来献金。”

我说：“好，我等着。”

不大的工夫，一个老头子，有六七十岁，胖胖的，笑眯眯的，除了献几万块钱外，又拿了一个很新的缎子面的火狐大皮袄，并且说他献的东西太少了，对不住国家。这样，这个学校就开始献金。先是幼儿园的孩子，穿着雪白的背心，戴着很好看的帽子，每人都用自己的两只小嫩手儿捧着一个红纸包，有的说我要救国，有的说妈妈叫我献的。接着六年级的、五年级的、四年级的都来献金。有人说，献金是一桩事，另外这种爱国教育的意义太大了。

在成都东门外有一个空军遗族学校，这是陶行知先生的少爷陶宏介绍的。陶宏最好读书，英文很好，中文也很好，并且很有正义感。他原来每天吃两个鸡蛋，他看见有一个学生很苦，他把两个鸡蛋不吃了，完全帮助那个学生，我觉得他这种精神非常伟大。遗族学校和遗族们献金，都是特别热心。有一位女同胞，她有四个孩子，一岁的、二岁的、三岁的、四岁的，她要献金，并且把一个紫缎子绿双龙花的桌布献了。我说：

“你们的生活很苦，不要献了，留着给孩子们买点吃的。”

她说：“必须把这结婚的东西献了，才能对得住为国牺牲的丈夫。”

又有一位七十多岁的老太婆说：

“先生，求你帮我的忙，我的儿子在空军打仗阵亡了，我的儿媳妇领着我的两岁的小孙子走了，找不着她了，请你把我的孙子给我要回来。”

我说：“这都是日本鬼子害了我们。”

这里的空军朋友们和遗族对我说，他们的钱太少，没法子生活。我答应了回去赶紧给蒋先生打一个电报，我告诉他们说：

“我打这个电报一定有回电，请你们放心。”

这个地方的献金会开完了，结果这个学校的校长和他的夫人、他的孩子以及他的老太太，每人都献了个人的宝物出来，这种办法实在是太感动人。

到了华西大学，那里的齐鲁、金陵、金女大献金更热烈。有一位山东的学生没有钱，把棉袍脱下献了，冻得直打颤。我说：

“那不成，无论如何不能要你的棉袍，回来你把冻病了怎么办？”

他哭了起来，非献不可。我说不过他，我就请王冶秋先生替我同他说。他是一个逃难来的学生，除了棉袍以外什么也没有，他这么一来，感动得许多人都落下泪来。

还有一位大学生把他的毛衣献了。天气很冷，毛衣献了就有冻着的可能，可怎么劝他也不行，他非献不可。后来这几件东西，到各处去义卖，卖了很多的钱。

有一次，我在银行界讲话。我讲了冯驩（也叫冯谖）的一段故事，主要的意思是说你们的老板现在金银财宝都有，缺少的就是仗义的“义”字，你们应当替你们老板买点“义”，放在家里才好。他们不是说老板不在家，便是说他们不敢代表他们老板，弄得余中英市长着了急，结果成都的献金银行界到底是不多，就是银行界不肯多拿出钱来的缘故。学界的人愿意拿钱，可是他们没有多少钱；银行界的人有钱，他们不肯多拿。到了大会这一天，各机关的代表都来，和尚、老道、尼姑都有。最可惜的，民众来得太少，我想是方先生警戒太严的缘故。大家抬着食盒，放着鞭炮都来了，正在一拨一拨献金的时候，忽然右边的台子咔嚓一声塌了半个，但没有伤着人，这真是万幸的事。

这里献金的结果，得了一千多万。从重庆出来，这个数目是最大的。但这么大的省城，要说献金救国，可也不能说是大数。

这里有一个照相馆，找我照了相，送我一百张相片。在他看来是捐得不少了，但在我看来一点儿也没有用。相片送人怎么能向人家要钱呢？我总觉得这回他送的这些相片太可惜了。

最痛快的是任自立先生，他开了一个展览会，中国字画和山水画卖出不多。他用了我的名义，请了一个茶会，五千块钱一包，一包里头有五六张，二三个钟头就卖光了。这件事情，又省事，又有效验，可说是太好了。

成都市献金完了，接着就在成都县和华阳县发动献金。正在这个时候，忽然接到张岳军转来蒋先生的电报，说请我回重庆去。我说很好，就准备动身。

正要走，见着赵友琴（即赵守钰）先生和熊锦帆先生。熊先生请了一些老朋友在一块儿吃饭。友琴先生说，他本来是护送班禅到西藏去，过了玉树之后，英国人向我们政府说："中国的官吏和军队不可以入西藏！"班禅就这样气病了，不久就病死了。拿这件事情看，帝国主义把西藏看做谁家的地方，我们的同胞若不早些有个准备，我们中国的西南方一定会受英国人的大害。

这一天，我同锦帆、友琴一路去祭谢慧生先生，看见许多的大木头，扔在地上没有人问。我想人死了之后，办事的朋友们若不积极努力，一定是迟延又迟延，不是这个没有人，就是那个没有钱，一耽误就搁下来了。我们三个一起到了望江楼，在那里弄了一壶酒，两条鱼，同锦帆先生吃着喝着，又找了一个弹琴的老头，弹了琴，这真是一件快乐的事情。

从成都回到重庆，用了两天的工夫。头一天住内江，在这里正碰见高树勋。他对抗战很努力，表示要为抗战而死，愿意跟张自忠学。我很喜欢他，这个话说得有出息，有道理。

同他一块儿来的还有卢崇义。我也跟卢崇义谈了许多的话，我觉得他一点儿也没有腐化，还是很忠诚，很饱满。我告诉他说，前途远大，要努力读书，不可有一点儿懒怠。他非常感激我这话。

到了重庆写了好多本《正气歌》和《满江红》，送给朋友们。沈天灵先生介绍我到各工厂去参观讲演，去写字，这样认识了很多朋友，并且为献金募了很多钱。

我把这一次出去献金的情形和路上的见闻，一桩一桩地都给蒋先生报告了。

前方来的人对我说军队里头困难的情形。军食是发谷子，不发米；发小麦，不发面；并且发整的包谷。要问负责任的人为什么发这整东西呢？回答的消息是后方找不着人，找不着磨。前方就说我们哪里弄人弄磨去呢？就这样弄得前方的官兵都是垂头丧气。

因此，我就想起我在第三战区指挥张治中、张发奎、顾祝同、陈辞修、杨虎五部军队的时候，最大的困难就是大米饭做不熟，火一点着敌人的飞机便来了。夜间不能见火，昼间不能见烟，一见烟火敌人的飞机就来到。厨房离着战线近了，敌人的炮火就打到了；离着战线远了，饭熟了如何去送呢？况且伙夫被炸死两三个，这一连的饭就没法做了。再加上连阴天没法子点火，就更不得了。不是被敌人打得怎样，实实在在地说起来，乃是把军队饿坏了，饿得不能打仗。并不是敌人怎么厉害，是我们这边太不注重官兵肚子，才有这惨败的结果。

第九中学校长是邵华先生，安徽人，他约我去他们学校讲话。我老没工夫去，这一次我觉得为了节约献金救国运动，有去一次的必要。这一天，坐了一条民志轮，路过小南海。我一看这个地方太危险了，水越浅越容易出岔子。我到了江津，打了个电报给蒋先生，又同水利委员会说：

“这个地方若不赶紧想办法，一定会出大乱子，请以民命为重。”

到了江津，邵校长和县长萧烈在江边上欢迎。一下船，见满街上都站满了人，鼓起掌来像打雷一样地欢迎我。

在这个地方也是排好秩序，一天一天地去讲话。最有意思的是在一个礼拜堂里去讲话，刚讲完就有一个老太婆献金。她说：

“我们信仰真理的人，更应当爱国，我们应当有什么献出什么，不应当有一点儿踌躇。”

这里县长萧烈的夫人，也穿着戎装，为了献金，发动妇女界出力很多。

邵华先生找我到他们学校讲话，学生们真是同生龙活虎一样。

我看邵华先生办的这个学校，实在是有生气。学生们听了我两个钟头的话讲，马上就开起小组会来了。真是你献的多，我比你献的更多，大家都在救国献金上争强斗胜起来。

这里的教员就有一二百位，也开了一个献金会。有一位女教员站起来说，她有一个戒指要献给国家。邵先生对我说她很穷，并有一个小孩跟着她。我说：

"你的孩子太苦了，请你把这戒指卖了给孩子买点吃的穿的吧。"

这位女教员说："国家要好了，我的孩子是会好的。我献金救国，要打走日本鬼子，就是为救我的孩子，请你把这戒指收下吧！"

这个学校的工人，有一位叫王大娘，她一个月赚不了多少钱，她一下子献了二千元，大概把一年的薪金都献了。这位邵校长马上给她写了个红布条子，上头写道：王大娘献金两千元。她把这条子缝到胸前，人人都能看到，谁见了都鼓掌。

国立九中这次献金是数目最大的，真把江津各界轰动了。

我从九中出来就到伤兵医院去，对这里的伤官伤兵都一个一个把他们的伤口抚摸一回。我问他们阴天下雨的时候还痛不痛，有几个兵哭起来了，他们说不痛，并且说向来也没有一个人摸摸他们的伤口。给他们讲完了话，就到江津县城。

关于受伤的官兵，我觉得我们太对不过他们了，要同美国人比恐怕要差几十倍。吃得不好、穿得不好还不算，并且用种种的方法来克扣他们。他们从哪里高兴呢？

江津城南山坡上头有一个小城，那原来是一个武官住的地方，或者是教练队伍住的地方，现在是个体育学校在那里。他们请我去看他们的体育表演。他们表演得很好。实在说起来，那种手巾舞等等的名堂，比中国的武术差远了，偏偏我们国立的学校要学那一套。至于跳高跳远中国也不是没有，为什么把自己有的全都丢了？全都不要了？这完全是表现自己的民族没有自信力，见着外国人的皮毛都要学习，真算是可怜到万分。

江津这里正有一个保甲长训练班开课，我去给他们讲了话。保甲长回到乡下去，这个力量是不小的。萧县长胆子很大，他喊的口号是“超居人前”，要超过成都市的献金。当献金大会召开的时候，有一位老太婆攥着十万块钱来到台上，又当场把她手上戴的两个赤金镯子脱下来献了。有人对她说：

“你这老太婆不要这样傻，要留一点儿。”

老太婆说：“留一点儿做什么，给我的孩子是不是？你知道这就是给我的孩子花一笔保险费。国家好了呢，我的孩子将来都会好的；国家不好，给他们留多少东西还不是做亡国奴？那有什么意思？今天当国家大难的时候，我们人人都应当把所有的东西献给国家才对。”

这老太婆一说这话，全场一两万人都鼓起掌来。他们献金的总数是一千三百五十万。萧县长的意思是希望这笔款项都买成飞机，名叫江津第一号、江津第二号，老百姓都赞成他这个建议。我就照着他这个意思，打了个电报给蒋先生。回电说，很好。

第二天我就到白沙。白沙这个地方，真是抗战时期的一个教育集中地。有大学先修班，有国立女子师范学院，有几个中学，还有黑石山的一个中学。我分开给他们讲话。这些青年学生，为了献金，把他们所有的东西摆在街上去卖，并且是贱卖。街上热闹极了，有的为球赛卖票献金，也有的拿个纸裱一裱，找我写一个“还我河山，收复失地”的字拿到街上及大的工厂去卖。学生们想出来各种办法。到了开献金大会的一天，各处来的学生排着队，吹着号，打着旗子，步伐很整齐，都来了。你的数目多，我比你的数目还要多，六十万加到七十万，紧加紧加到了九十多万。大学先修班说商会的数目太少，希望他们多加一些，那位商会会长说什么也不加。学生们推了十几个代表上台来，请求他加钱，他还是一个不加。有一个十八九岁的学生向台上大声一喊，大家都向商会会长跪下了。就这样，商会会长才勉强答应了。当时许多的女学生，除了把钱拿出来以外，还把她们穿的大褂脱下来献了。有的女学生把皮鞋也脱下来献了，愿意光着脚回去。会上的光景热烈到万分。当学生一万多人跪下来的时候，好多人都落下泪来。

我把大公报上的一篇《我们都跪下了》抄在这里：

我们都跪下了

——白沙献金大会记

于淼

三月十九日，白沙举行了一个节约献金大会。在静静的白沙这是空前盛会。上午九时，各界就都已到齐了。列队肃立，在等候着栉风沐雨为国勤劳的冯委员玉祥莅临。冯委员十时到场时，掌声雷动，万众欢呼。于其巡行一周后，大会开始了。

主席团是各学校机关的首长组成的，由女子师范学院院长谢循初致开会辞。他说："几天来，我们都亲聆过冯委员训话，我们大家都受了冯委员耿耿谋国的忠诚所感召。我们要尽我们的力量，贡献出我们的所有。让白沙作一个出钱的好榜样，使节约献金运动普遍的热烈。展开在全四川，全中国……"

接着冯委员满脸笑容，用最深刻最动人最通俗的话向大家致词。他说，他对于几天来各团体的努力十分的感谢和感动。他说最使他感动的是学校情况。他举出大学先修班同学们，在轮船码头作脚夫，给别人擦皮鞋，把将从战区带出来自己仅有的东西拿出来义卖。他继续地举出好多个例子……都是使人兴奋得流下来眼泪的事情。

他讲完了话，在乐声中，热烈的献金开始了。最先是学校组，每个学校都由两个学生代表，抬着盛钱的盘子，抬着全校的爱国心，恭恭敬敬地献给站在台子中央的笑容可掬的冯委员。一起起的献金后，就响起一阵阵热烈的掌声：计女师学院为二十万元，女院附中十二万二千元，国立十七中学四万元，大学先修班六十四万元，省立川东师范三十万元，省立重庆女师十六万元，县立白沙女中十五万元，私立聚奎中学三十万元，私立新本女中六十五万元，修平乡师等校，也都在十万元左右，连小学校竟有献到三四万元的。

当新本女中，以六十五万元的最高额压倒全场时，随着热烈的欢呼后，先修班的同学，以竞赛的情绪，立刻又增加了十万元，又获得了学校第一；接着增加的有：女师学院附中十万元，聚奎中学十万元，国立十七中全体绝食一天，捐献国家。这时献金已达到了高潮，学校组的总额已达三百二十几万元，超过了原定额的六倍以上。

学校组献金之后，是妇女组、士绅组、机关法团、商会工厂。各组织尽了最大的热心，献出了最大的数目。

当商会的六十万元（内有工厂二十万元）从台上报告出来时，全场大哗，高呼嫌少。一片的呼喊请求声，阻止了节目的进行。很久，商会没有表示，临时有学校学生代表高呼每校出代表五人，在台前向商界跪求。商会虽答应增加十万元，但学生仍不满足，接着“二百万”的呼声，响彻云霄。学生代表们感到力量不够，于是发动全场学生一致跪求。一万以上的男女学生都跪下了，为了国家，他们都跪下了。

台上的人，一大半都哭了，冯委员擦着眼泪向大家说：“你们这种热诚，就是铁的、石头的、钢的心，都会感动的……可是我们献金，是完全出于自动啊！”

商会不加，学生们不起来，冯委员无限感慨地说第二次话：“出钱的多少，是和知识有关系的……我们爱国是要本着各自的良心……”

冯委员一段语重心长的话，和学生们的“商会不加钱，永不起来！”的坚决表示，感动了商会代表，答应了二百万元的数目，学生们破涕为笑地站立起来了。

最后是自由献金。自由献金的悲壮情况，有甚于前一幕者。

川东师范附近洗衣老太婆们组成了一个十四人的献金队。川东师范的一个十岁左右工友，献出了他全部的积蓄七百元。伤兵、工人、小儿、乞丐全都捐献。好多的女同学脱下外面的大衣，里面的毛线衣；好多的男同学脱得只剩下一件衬衣。一个小学的小女同学脱下了脚上穿的鞋子；当先修班同学把她举起来让大家看时，全场的人都哭了……

冯委员说："会不能不散了。不散，大家会把一切都脱光了，大家都会病倒的……"

大会，在下午一时散了。白沙一个小镇，总共献了国币七百几十万元，实物尚不在内。这都是民族的血泪，民族的热情啊！我想这情况，一定会激动全国各地的同胞后来居上，一地高于一地，而展开热烈的爱国节约献金的高潮。

（载一九四四年三月二十四日《大公报》）

这是为了同胞们借此可以知道当时青年学生们爱国的情形，是如何的热烈！

一天早晨，有一个大学生领着美国的一个武官来找我。我问他："有什么事？"他说，他们有五个人住在泸县，都是美国大使馆的，他到重庆去领饷，领了三万块钱用个口袋装着，在船上把这口袋当枕头枕着睡觉，醒来才知道口袋被人拿走了。昨天晚上在白沙下船一文钱也没有，也不能下来，又不会说中国话。今天早晨下船，正在无办法，遇见大学先修班的学生，他会说英文。这位大学生对他说："你没有办法，冯先生在这里，你怎么不去找他呢？"就这样他领着他来找我。我说：

"很好。中国人拿了你的东西，就是我拿了你的东西，你们从美国来，是为了帮助我们中国抗战，为了我们的独立自由，我们非常地感激你。你丢了钱，我就给你三万块钱算了。"

他听了这话，觉得又出奇又高兴，他收了我这钱之后，说在美国实在没有这个办法。我笑着说：

“或者中国与美国不同，也许就在这一点上。”

我约这个美国朋友参观献金大会。他看完了之后，很兴奋，他说：“中国是最有希望的一个国家。”

十二点，夏军长夫妇请我们去吃饭。我也约了这个美国人，给夏军长夫妇介绍了，说明了他的来历。这位美国人看见大家对待他十分诚恳，好像对待自己家里的人一样，他非常感激。我同夏军长谈到献金的事，他说：“先生来了，为了救国，我们赶紧献金。至于某人怎么样，请不要提，若是对他，我是不献金的。”完了之后，我又回到江津。

在白沙我认识了一个青年，姓王，他说他有几句话跟我说，我说很好。他说他在学校里不知道为什么被人抓起来，左打右打，吊起来打，叫他承认是共产党。吊得他眼看要死，他实在没有办法了，说：

“法官大人，你也有儿子、女儿，假如无缘无故地被人抓起来吊着打，你心里好过么？”他是哭着说的。

这几句话感动了法官的慈悲心，才把他释放了。

王说：“先生，可不可以把这话给蒋先生说一说，冤枉的人太多了。”

我说：“蒋先生早就知道。”

他又哭起来了。我对他说：

“你不要灰心，因为不光明，你们青年人必须奋斗，才有光明；因为无是非，你们青年人必须努力，才能有是非。”

他听了我这话不哭了，说：

“好，我从此要加倍地努力，加倍地奋斗，来实现光明，来分辨是非。”

这个青年孩子，就叫王多闻。我记这一段事情，完全是为一般青年男女学生挨打受骂、被人陷害叫冤，希望大家认识这种办法是不对的，这种办法完全是墨索里尼和希特勒的办法。

我从江津到合江去，忽然听到说昨天下去的一条船在小南海翻掉了，淹死了几百口子人。国立武汉艺术专科学校弟兄俩都被淹死了。这个船上去开教育会议的很多人都被淹死，只是江津山坡上那个体育专门学校的校长，他会游泳没有淹死。由此可见，平素练习游泳用处多么大呀！前一阵子正为小南海这个地方打过一个电报。假如我们的政府真的重视民命的话，没有大办法，也应当有一个小办法；没有顶好的办法，也应当有一个次好的办法。假如在小南海上头有人指导着把船停下，人都下来，过了小南海，人们再上去，我看这总不算是个难事。我不知道他们为什么不办，我细细地想，不外两个原因：一个是只在屋里等事，不敢出来找事，这是一切的病根；第二点，只求无事，不愿有事。这样一来，大家都喜欢没有事，结果呢？就变成得过且过混吃等死，什么事都不管，逼急了就拿到长官那里去。这种不负责任的心，明明表现了树叶掉下来都怕打住，他哪有什么办法呢？谁还能重视民命呢？这是抗战时候最可怜的一件事。

江津对岸有一个瓷业学校，校长章继南，是日本留学生。这学校是四川省立的，有一位画家，画得很好，他烧的一种酒壶，叫鸡鸣酒壶，一倒酒吱吱地叫，很响，是一种独出心裁的办法。我把史蒂芬逊(美国陆军部长)送我的有国父孙中山和林肯像的邮票给他看，他照着那个像放大烧了一个瓷心，还有两个瓷像，烧得很好。我请他多烧了些，送了几十个给蒋先生，预备他送外国朋友的。这个像的好处，是中山先生在上首，林肯大总统的像在下首，又是美国人做成的邮票送给我们的。我为这件事曾给孔先生（指孔祥熙）和孙哲生先生说过，假如用总理的相片和列宁的相片，蒋先生的相片和斯大林的相片，做成邮票，印上好多张，送给苏联朋友，或是出卖，不是有意思吗？那还许是一笔很大的收入呢！若是能把英王同林主席（当时林主席还没死）、蒋先生和丘吉尔他们四个人的相片也做成邮票，分赠给英国人，那不一样的有意义吗？他们说很好，可惜就是没办。我们国家有多少很好的机会，都是眼瞧着过去了，多么可惜呀！

武汉艺术专科学校也在对岸，我也到那里讲过话。那些老师和学生们，真是艺术家的姿态，既大方又文雅。我给他们讲了一段话，看那样子都像很受感动。最可惜的是这校长和他的兄弟在小南海翻船淹死了，他们是国家很好的人才，我听说他的兄弟是在法国学油画回来的，是一位有名的艺术家。

这里有个被服厂，在城西七八里路的地方，我到那里讲过话。男女工人很多，他们规规矩矩、整整齐齐，听了我讲话之后，献金是很踊跃的。

江津县城里最使人难过的就是几十位老百姓跪在地下喊冤。他们说，军政部的监护大队行船在江边上，有几个人进城要到戏园子里看戏，把守戏园子的兵不许他们进去，互相打起来了，监护队就把机关枪搬下船，在大街上支起来，打死打伤百姓好几十，所有的窗户和门墙都被打坏了，请求替他们做主。我到了县商会和县参议会，他们也是这样说，并且说打了电报给重庆，结果政府派了人来，说你们要大事化小、小事化了。商会会长和参议会议员们说，你们的军队无缘无故地把我们的老百姓打死打伤很多，怎么治罪怎么处理，一字不提，你们就是说大事化小小事化了，这怎么个化法呢？你们想想，我们是人民的代表，人民死了这么多，我们怎么样子能把它化小？请你们指教指教。他们非叫我打电报给蒋先生不可。我马上给蒋先生打了电报，又写了一封长信。后来，我回到重庆的时候，又详细地当面谈了一次。

以这件事情来看，就知道越是属于军政部的越不守军纪，并且越不说理，这就是军纪废弛的一个大原因。先贤说：“爱民为性命根本之事，必须日日三令五申。”有军队不爱民那跟一些禽兽有什么分别？古人说：“兵犹火也，不戢自焚。”今天只谈有兵，并贪兵多，不注重保护人民，这如何能抗战？这简直是自掘坟墓！

这里有吴白屋先生的两个儿子，都是很好的青年，一个在中学当教员，一个在报馆里当主笔，都很有学问，也很知道自爱。

献金大会以后，女子中学的先生领了几个高中三年级的学生来。我问他们有什么事，他们说一次献金献过了，永久献金也写过志愿书了，但他们总是觉得对不过在前方拼命流血的抗战的同志们，想在放暑假的时候，每个同学都做一双布鞋，献给将士，寒假的时候也这样办，不知道可以不可以。我说：

“太好了！你们能这样办，解除了政府的困难，也解除了士兵的困难。你们看我们的士兵，同英美的士兵在一条战线上，人家穿的是皮鞋，我们的士兵光着脚穿着草鞋，爬两个山头那草鞋就坏了，又得拴，又得绑，这怎么比得上人家呢？你们这个想法真是再好没有了，我先替前方将士们谢谢你们。”

这样，第二天报上登出来了，几天的工夫，全江津县的女学生都响应了。由此可见，四川妇女界觉悟程度高，她们真诚爱国，是无微不至。

15

献金琐记（三）

到了合江，县长是徐竞存。他是新到任的，个儿不很高，四方脸，大眼睛，重眉毛，是个很仔细、很谨慎、很努力的人。合江县比江津县又小又穷，一下船就看见被日本鬼子炸毁了千八百间房，全都没修起来。这里的老百姓、党部的朋友们都在街上夹道鼓掌欢迎我。我住在一个刚修好还没有开张的一个铺子里。我在党部里第一次讲话之后，县长同地方上的绅士就喊出了口号，要超过江津县。这里的一位议长刘老先生，是清朝举人，品学兼优，是这一县有威望的人，他对于献金很赞成，不过他是没有钱的人。这里有一位商人，叫陈秋农，买卖很多，他给乡间一个有钱的人写信说，你献金要交给我，咱们一块献，拿的钱又少，数目又显得多。这样一来，就有人知道了，说他这个办法不对。哪晓得那位先生不同他打招呼，自己就献了一个很大的数目。这一来，陈秋农先生面红耳赤，他想把他的钱及他的学校的钱合起来一块儿献，既可以省钱，又可以出名。地方上的老先生们知道他的这个办法，也反对他，闹得他越取巧越不对了。

这个地方一面是长江，一面是赤水，那是由贵州省赤水县来的一道水。从赤水来的木料很多，都堆积在这里。很大的竹笋，这里出的很多，街上卖兰草的也不少。像这种东西都是南边深山上来的，若是弄到北方去，这都成了最宝贵的东西了。就像江津县出的那大量的广柑，若是运到北方去，那可就宝贵极了。

有一次，我在一个小茶馆里坐着，看见对面茶馆里坐满了人。国立第二女子中学龚校长慕兰,带着那个学校高中二三年级的学生，拿着校旗向喝茶的人募捐。喝茶的先生们用对付叫花子一样的态度来对待学生，学生在这边向他伸手，他把脸转向那边，连理也不理。

我看了这种情形，实在觉着不安。若稍微受过一点儿教育，也应当站起来说："今天没有带钱。"你看他穿着干干净净的大褂，对爱国女学生们一点儿礼貌都没有,这是我们教课书上一个大短处，也是一切教育家们的一个大耻辱。

国立第二女子中学要演新戏，卖票费了很大的劲。第一是这个地方很闭塞；第二是他们没看见过高中二三年级的十八九岁的女学生演戏；第三是在那个既老又旧的地方，没有这个习惯。到了演戏的那天晚上，人不算多。他们先找我唱一个歌。我唱了一首《爸爸在家》歌，当时就有好几个军官大声哭着跑出去了。后来有一位张女士讲话，有许多人落下泪来，结果还算不错。

那天，张女士讲的主要意思是：你们看高中二三年级的女学生向你们宣传，给你们演戏，为什么？就为了抗日救国，希望你们多献金，好打走日本鬼子，你们要明白这个意思。假如不是为了这个，人家家里的宝贝姑娘，你跪在地下求她给你说句话，她都不会答你的腔的。这位张女士看样子有五十多岁，胖胖的，说起话来很有条理，后来，听说她做妇女工作多年了。

在合江县下边六七里路的一个地方，就是国立第二女子中学。我到那里讲过话，龚校长很热情招待。永远不能忘记的一件事，就是一位教员，他有一个儿子，在昆明病得很厉害，非开刀不行，他凑了一万多元钱，要给他儿子汇去，听了我讲话之后，他马上把这一万多块钱都献给国家了。我同几位朋友都劝他不要这样办，赶紧给他儿子汇去开刀用，但这位唐先生说：

“到底是儿子要紧呢，还是国家要紧呢？国家要没有了，有儿子又有什么用？我今天要救国就是要对得住祖宗，要对得住先烈，无论如何请你替国家把这钱收下。”

他说完了这话，有一大半人两眼泪水都流出来了，还有一些人眼圈全都红了。

由这一件事情看，真正爱国的就是青年男女学生和学校的老师。当然，爱国的各界都有，可是知识分子乃是爱国爱民的先锋队，国家拿出所有的钱来办教育，实在是应该的，亦是最值得的事情。

这里的人听见说，江津县女学生们发动了献鞋的运动，他们这里妇女们马上就响应了，徐县长的夫人每月做十双布鞋，献给前方抗战将士。还有几位镇长也马上响应了，他们愿意每一家夏季做一双，冬季做一双，献给前方打仗的兵士。

这里的商会会长何肃容先生，除了献金以外，他又把他夫妇俩结婚的戒指献给了国家。我记得，在成千上万的金戒指里头，他的金戒指刻着姓名，分量又重，这种献金为国的精神实在可佩服。

献金大会这一天，下着雨，多少位老先生和刘畴九先生都来了。看这里放鞭，那里放着炮，敲着鼓，打着锣，有的唱着歌，有的喊着口号，都是用食盒抬着满满的法币。万也想不到的乞丐队，也来献了金。结果是一千四百五十万，比着江津还多了一百万。谁都知道这个县是小的，人是穷的。他们的口号：“爱国不居人后，要超居人前。”

这一县绅士们对我说，可惜得很，若是县长的秘书不死，比这个还要献得多。我觉得很奇怪，就问他们是怎么样的一个秘书。他们说，那个秘书人性太好了，大家都喜欢他，都佩服他。因为前任县长走，大家欢送，当然要喝酒了，愈喝愈多，愈喝愈高兴。这位秘书先生喝得酩酊大醉，吸了一颗香烟，哪晓得这一吸肚里着了火，这样一个有用的人，这样一个大家都佩服的人，为喝酒喝死了，这还不是一个最好的教训吗？我记下这事，就是盼望喜欢喝酒的人们吸取教训。

离开合江县的这一天，有人找了照相馆的人来照相，围观的人也不少。正在照相的时候，听见那岸上喀嚓一响，人声嘈杂起来，原来是一间房子的楼板塌了。起初说摔死了几个人，二中的女学生正要同我照相，听见这话马上呜呜地哭起来了。后来又听到说只摔伤了一个人，没有摔死人，大家又如释重负一样，欢喜起来。由此看来，高兴的时候，或是开大会的时候，在楼上、在台上、在桥上，都应当特别小心发生危险。一个是这些青年人非常天真幼稚，经不住一点儿刺激，这是应当特别留意的事。

开船之后就到泸县界某镇上，船停在那里，很多的男女老少都在岸上等着听我讲话。我下了船，讲了一个钟头的话，没有到场上去。接着又出发到了泸县县立女子中学。校长姓王，学校办得很好，对于爱国教育很有办法，一次献金就献一百万，还有长期献金，还有每人冬季和夏季各献一双鞋。后来，我讲完了话，学生们表演，还有手巾舞，女孩子们拿着这个当运动。本来没有什么不可，不过这种动作，不能算什么教育。若用花木兰的本事、秦良玉的本事教这些个孩子们，学会了，他们一样也可以当花木兰、秦良玉。再退一步说，他们把中国的国术学会了，既可以健康身体，又可以当作很好的运动。可惜，我们民族的自信心没有了，什么都要跟外国人学。拿着一块手巾舞一舞，这也算是在外国学来的本事吗？我觉得实在有一点儿自己看不起自己。

到了泸县，好多朋友来江岸上欢迎我。我住在一个银行公会里，房子很新，都是玻璃窗户，关起来很严密。后来听说，就在这个地方闷死过七八十个官兵，就是让士兵们住在这里，把窗户一关，把门一锁，官长就走了，到官长回来，士兵们都闷死了。从那以后，就没有人敢住这个房。这回我来了，他们要用我镇压镇压这些冤死的鬼魂。这些死的人，他们自己是为了抗战，他们的父母妻室儿女，于是盼望他们为了抗战牺牲他们的性命，哪晓得走到这里，就在这个房子里闷死了。这不是人为之子臧是什么呢？这应当谁负责任呢？军政部是谁管着的？假如，我们是美国那样的民主的话，恐怕老百姓们要起来说话，要叫这负责任的人来偿命的。

在这里还是如法炮制，都分开班，一次一次地演讲。有一天，在路上遇到一位老太婆喊冤，并且拿着告状的呈子。问了之后，知道她有个女儿，还有个儿媳，是在过沱江的时候，由江北岸上了船正走到江当中，后面来了几个兵，运的是劈柴、大米，也要上那条船。叫撑船的青年把船开回去。撑船的人说，到了对岸就回来。谁想到那兵就在岸上开了枪，乒乒乓乓一打，船上的两个女子都被打死了，撑船的会水跳下江去，泅水跑了。这个案子在哪里告哪里都不问，她今天找着了我。我找人查一查，一点儿不假，我马上打了电报给蒋先生，接着又写了一封详细的信，也是报告蒋先生。后来，我到重庆的时候，又详详细细地向蒋先生说了一回。蒋先生马上打电报给张岳军，叫他负责去办。

以这一件事来说，一个是军纪废弛得太厉害；一个是各级军官把最重要的事看做是很不重要的事，这就是冠履倒置。这个地方住着一位军长，他应当负完全的责任来办这件事情。为什么不办呢？最大的原因，就是自己看不起自己。若是自己带的队伍，那没有话说，应当马上就办；不是自己带的队伍，就应当赶快据实报告。怎么会坏到这步田地呢？这件事到底该由谁负责任呢？真是痛心万分。以我看最大的病根，就是有些文武官吏不知轻重地隐瞒了事实，来欺骗蒋先生。他喜欢什么，他们就说什么；他不喜欢什么，他们就不说什么。甚至于好事揽在自己身上，坏事推到蒋先生身上，这不糟糕是什么？若是有知识的话，他们应当是坏事揽在自己身上，好事推到蒋先生身上，那才对哩！今天，完全不是这样，可惜不可惜？！

有一天，来了三位美国人，要请我到蓝田坝去吃饭。他们之所以请我吃饭，就是因为上次在白沙，一个美国兵丢了饷，我赔偿了他们，他回来给他们那些伙计说了，他们觉得过意不去，必须请我吃顿饭，才觉得这心平安。那一天，我同范伯据等几位朋友，到他们那里去。他们头一样拿出来的是一个大的玻璃杯，倒上了通红的东西。我说：

“我不喝酒。”他们说：“这不是酒，是西红柿水。”我说：“哪里来的这个呢？”他们马上就拿出四四方方一尺大小的洋铁盒子给我看，说这里边都是盛的西红柿水，乃是从美国寄来的。还有吃的饼，可可馅儿。我说：“你们在哪里买的这个？”他们马上就把一盒一盒拿来给我看，说这也是领的，每人几盒。在美国，他们青年男女出来打仗，所有后方农、工、商、矿各界如同送孩子赶庙会一样，尽其家里所有的各种东西都拿出来。所以，他们的西红柿水每人一盒，可可糖亦是每人几盒。别的东西，糖、香烟都是应有尽有。在精神上，在物质上，一点儿短缺都没有，他们如何不去尽力呢？看看我们富有的人们，在抗战的时候，还是很奢侈地享受。前方的将士们衣不蔽体，食不果腹，更不用说什么西红柿水、什么可可糖，做起梦来都不会梦见的。这一件事，实在说来，关系我们国家民族生死存亡。这种坏习惯、坏办法，若不赶紧改革，一旦有事，可说是危险极了。

在这里吃完了饭，还照了个相。凡从印度来的军火，都要经过泸县。新兵到缅甸、印度去编练，也都是从这个地方起飞，这里是很重要的一个运输基地。新兵从各地来得太多了，没有地方住，就住在店铺里和百姓家里,也出了好多麻烦事。专员和县长都觉得痛心，盼望快点把营房盖起来就好了。话是这么说，正在抗战，什么时候才能将营房盖好呢？那简直没有一点儿准。

蓝田坝这里有一尺直径的桂圆树，树冠有二丈直径的圆周，既美观，又能出产很好的桂圆。这片桂圆树看去总有几千株，后来听说要扩大飞机场，让他们都砍伐去了。这话要不假，未免太可惜了。

这里有一个很大的伤兵医院，我到了医院里看了看他们，摸了摸他们每个人的伤口，问候他们阴天下雨还痛不痛，他们很多人都掉下泪来，把他们的痛苦一一地都对我说了。我把他们实在痛苦的情形，也打了电报给蒋先生。他们有许多人学会了手工，尤其是编藤椅子，编得非常好，他们就拿这种东西作为他们的献金，还编了一把特大号的送给我，上面还挂着牌子，是荣誉军人献的。我为了尊重他们为国流血的功劳起见，这把椅子由重庆带到了南京，为的是看见这把椅子就想起为国家独立自由缺了胳膊断了腿的朋友们。可以说，我们今天能够活着，全都是因为有他们的血汗、功劳。

这里有个学校校长非常热心，他们献的有自己做的梅花，还有一把金钥匙。晚上开会，有一位会拉胡琴的先生，拉得非常好，他有点创造性，我很佩服他。会上，他们找我唱个歌，我唱了《爸爸在家》这首歌，好多人都哭起来了。

在沱江北岸有个中学，学生很多，我去讲话，他们献旗，我对他们献旗说了一段话。他们的旗子是红缎子做的，上面有黑绒的字。什么字呢？当然是歌功颂德的话。我说：

“国家当大难的时候，前后方的军民，为日本人杀害死的何止几千万。我们为军人的不能保护国土，把许多的地方都丢掉啦！不能保护人民，把许多的父老兄弟姊妹都丢在敌人的铁蹄之下。老百姓家里养个狗是干什么的？为了看家；养了猫是干什么的？是为了拿耗子；养了鸡是干什么的？不是为了打鸣，就是为了下蛋；养了牛是干什么的？不是为了拉车，就是为了耕田。那么，养了我们有什么用呢？把国家弄到这步田地，我们还配受你们大家的歌功颂德的话吗？”接着我又说，“一般老百姓没有吃的，或是吃不好的东西，给我们吃的却是最好的细米白面；老百姓没有穿的，或是穿补丁落补丁的衣服，给我们穿的却是干干净净、整整齐齐；许多老百姓没房子住，或是住难避风雨的又潮又湿的屋子，给我们住的却是干燥洁净的房子……对于我们这种大恩大德，我们应当感激，应当惭愧，绝不应当在各位面前耀武扬威，自居有什么功劳。就算吃过什么苦，也是应当的，更是本分。”

我把这两段话说完了，学校里的先生们和学生们都表现出难过的样子，这就算把这一段献旗的事过去啦。后来，我讲了一个多钟头的话，大家又在一起照了相。

泸县也有球队，说是中国人和美国人比赛。结果美国人没来，这种办事的法子，一定使群众看不起。真是板上钉钉办事的人，一定是办十成的事，只说八成的话，绝不能说十成的话，只办二成的事。那怎么使人相信呢？有些人好高骛远，胡吹乱唠，弄的结果是无论你说什么，人家都不信。那怎么办事？第二次又赛球，美国人只来了两个。本来美国人就不多，他哪能来多少人呢？

献金大会那一天很热闹，献了五千万。有一位郭先生，他在成都住，轻易不回泸县的。他来电报，说自己捐一百多万。有人说他有一两千担谷子，这是每年的收入。一担谷子要卖五万块钱，一千担就是五千万，两千担就是一万万。就减半说吧，每年还有五千万啦，无论怎么花，一个月也花不了四百万块钱。说起来我们社会上有钱的人实在不少，若是大家齐心协力，团结起来救国，什么样的工厂、什么样的桥梁都能搞起来，什么样的军队都能建立起来。可惜教育不普及，大家还没有团结到一致爱国无私的程度。

泸县这个地方有一点小毛病，就是你不献金，别人就笑话你；你若献金献得多，别人就嫉妒你。要没有这个毛病，这一次献金，怕是几万万都有希望。大家意见稍有不一致，把很大的力量对消了，实在可惜。

县政府在城外头的一个山上，我去过，也很雅致，旁边有个某公祠。我看志书上写着是明朝太祖时代，泸县县长奏了一个折子说，东有重庆府，西有叙州府，一年常有应酬，钱花得很多，若是改成直隶州，就为老百姓省了钱啦！这是为民请命，哪晓得这一折子上去，皇帝申斥下来，不准。这样，在泸州的州官觉得很难过，又上了一个折子，还是说明这个道理。折子拜发之后，他就跳江了。四川总督知道了这件事，马上奏明太宗皇帝，皇帝马上把泸县改成直隶州了。这位先生的尸体从江里捞上来，就葬在这里，并盖了祠堂。他的祠堂以前还有人祀奠，近来因为左一改右一改，人们都不知道这件事了。这样为民请命的官吏，应当叫大家都知道，并使社会上的人们永久纪念他才对呢！

在这个地方，纳溪的朋友和江安的朋友都来接头，他们要发动献金，我都答应了。他们的成绩很不错，可惜我没能去。假如我能去的话，成绩当更大。这里的专员是刘幼甫先生，人很聪明，并且很有办法，办事很有经验，对于献金也很帮忙。这里的军长姓廖，也是很精明干练的。从泸县开车是很早的，是怕他们文武官吏和军队警察来送我。刚一过沱江，就看见了郭先生，他是有意在这儿来截着我，好同我谈话。他就把李家的事说了一遍，我就含糊地答应了，一面说我们要精诚团结，不分彼此，共同救国。后来走到树底下，那里有个死人，我就说地方上不能不管这事，无论如何不能看着。马上找了保甲长来，又找了警察来，我给了他们一点钱去买棺材。这是个什么人呢？穿着军衣，看得出来是一位跟不上队伍的落伍军人。他们从家里出来，一定是要立志报效国家收复失地的，怎么也想不到会死在这里。这样死的新兵不晓得有多少，这种情形叫老百姓们看见了，他们怎么会不伤心呢？谁还能踊跃地来当兵呢？像这一类的事，若是民主国家，若是允许大家都说话，绝不会有这种事。因为不许大家说话，结果事情坏得不得了啦！当局的人们还不知道呢！

到了隆昌，住在一个卫生院内，这里的县长姓李，叫李泽民，河北省人。两年前他来这里的时候，土匪很多，他做的第一件事就是剿匪。他听说有个土匪头子是因为左一次被绑右一次被绑，绑得他没办法啦，他才当了土匪。李县长知道了这件事，就找人去和这位土匪头子说，盼望他改过归正。他说，没法子改过归正，因为他自己有四五十石田，被人家架票架了去，都花光啦，他不当土匪也没法子活了。李泽民县长就找了几位绅士凑了些钱，送给这土匪头子，买了四十石田，把写好的文书给他送了去。土匪头子从此就投了诚，不但他不当土匪，他并且把这一县的土匪都给打平啦。隆昌这个地方，这一二两年来非常平安。

我听了这件事情，我觉得城门贴出来的东西“管教养卫”就是缺少了一个“化”字，李泽民县长做的这个事，完全是一种感化的办法。在哪里还没听说过这样的事情，我觉得李泽民县长真是一个了不得的人。

这里的几位绅士姓陈的很多，一位老先生是县议会的议长，对于献金非常热心。这里也有社会团体，我对他们讲过一次话。他们献金数目并不少于其他地方，这个县比着泸县小得多，但还是很富的。

我到过一个有两个煤矿的镇上去，这里的煤出得又多又好，镇上人也不少。我在那里讲话，有一个学校已经发动了献金，有些人已经献了几百几千。有一个小女孩十一岁，家里很穷，她没有钱献金，就一夜没睡觉，打了八九双草鞋，拿到场上去卖，卖了一千多块钱都献给国家。可是她的两个眼睛都红了，那是因为一夜没睡觉的缘故。像这位女孩子，她这真是有力的出力，谁也不能不佩服她。

我在这里听说他们学校里有个学生姓王，是王冠军的孩子。他每天来上学拿着两个凉馍，同学让他喝点热汤，无论如何让，他也不喝。学校的先生们都知道这件事，他们不但看得起这位学生，并且格外看得起他的父亲王冠军先生。王先生家教很不错，孩子们在困苦艰难之中，不依靠别人，这是最要紧的事。青年孩子们不占人家的便宜，不吃人家的东西，不喝人家的水，不借人家的钱，都是很重要的教训。王冠军先生号绍常，山东菏泽县人，师长、军长都当过，也当过县长和专员，很刻苦，也是一位逃难到后方来很有硬骨头的同胞。

后来，又到一个镇上，民众集合了不少，我也在那里讲了一个多钟头的话，许多老太太献了她们的银镯子。有人说这些镯子都是在手腕上打过多少年的猪草的，母亲陪送给女儿，婆婆就传给儿媳妇，不晓得保存过多少代啦。雪白的银镯子变成了又黑又绿的东西，这绝不是几十年可以变成的，换一句话说，这就是她们家里的传家宝。因为她们听了讲话，感动得落下泪来，才会把她们的宝贝献出来。

这时地里刚种好高粱，正是十分要雨的时候。天很旱，就是不下雨，有人说要来个大旱年，可是没有法子献金啦。甲是这样说，乙还是这样说。这一天热得很，我在这镇上讲完话，正回隆昌县，走在路上打起雷下起大雨来，两个钟头之后，真是沟满壕平。这样，开献金大会的时候，光景很不错，也是有一位首先独自献了多少万。这一下子会场就振作起来，一个小县献的数目很不少，这是很难得的。

我在这卫生院里查了血压，已经到了一百六十几，大夫说若是一天讲话讲过三次，恐怕免不了头一昏就要倒了。听了他这话，我就很小心地躺倒不动，有两个星期，再拿试血压的器具来试，就降到一百五十八啦。由此我就更知道，一个人的休息与他的身体健康实在是有很大的关系。从这个时候起，无论在哪里讲话，我一天只能讲两次，一次只讲一个钟头，再也不肯多讲了。以前我只是觉得讲话多了，就同驾着云一样天旋地转，不知道是什么毛病，这一回可明白了，不能不特别加一点儿小心。

有一天医院里来了好几个受伤的人，问后知道是从泸县开来一辆汽车队的练习车，走到半路上把车开翻了，二十九个人摔伤了十几个。像这一类的事情，都是无妄之灾。如果是负责任的人有一种确实而又谨慎的办法，绝不会这样伤害人。凡是机器的东西，教的人，学的人，都须按步骤一步步地来，一心急就能坏事。多伤人的办法未必学得好，不伤人的办法未必学得不好，这就明白啦。学开汽车的人都是非得伤过几回人才算开好，满不是这回事。

从隆昌回重庆，路上过荣昌，过永川。见着那地方上的县长和绅士们，都来接我说：

“我们这里都预备好了，请先生来开会献金吧！”

我说：“我得先回重庆去，随后就来。”

他们都带着很失望的样子。

到了重庆，先把这几县献金的情况和东西，写了个报告。有一天梁寒操先生招待新闻记者，他找我讲话。我就把献金的情形报告给他们，大家听了，有的是笑得前仰后合，闭不上嘴；有的是摩拳擦掌，发奋有为的样子；有的把头点了又点，好像是说全对了的样子。在重庆住的日子不多，我又来到内江，还是献金。这个地方的县长易元明也是四川人，厚厚道道的，不多言，不多语，对献金的事情也很帮忙。有一位郜子举先生，是河南人，他是自流井和内江的警备司令。在一九二三、一九二四年（民国十二、十三年），他跟我当过上尉参谋。前几年当军长，在河南省的黄河北岸守住九个县城，和日本鬼子打仗，把日本人打死很多。有一次一连人打死了敌人一二百，这一连人死得只剩了五六个人。日本找人来说，叫他们投降，这几个人至死也不投降，后来全连人都死尽了。日本人把尸收埋了，还立了一个碑，上头写的是“中国的最忠勇的军人之墓”。不知怎么的，这么好的一个军长，叫他把队伍放下，叫他回来到后方，当起警备司令来，这是多么可惜的事啊！

为了献金，郜子举先生在内江是沿门拜访，为节约献金救国运动出了很大的力。他的夫人有一只镯子，也献给了国家，因为是翡翠的，义卖的时候卖了六十万。

沱江北岸，有一个碎峰山，那里有一座大房子，很新、很高、很大，有些本地的老绅士七八十人，都在那里静养。我有个朋友赖亚力，他的父亲是一位老举人，在司法界多年，现在告老还家。我到那里看他，在他那里讲了话。他们献金的数目也很可观，每人都献了金戒指。

这里有一位李焕章先生，是这里的袍哥大爷，慷慨好义。他有二百几十石谷子，只留了几十石，下剩的都献给国家，直献到抗战胜利后为止。他没有多少财产，就是这一些，能够这个样子，真是难得得很。我给他写了匾，又给他写了对子，有好多人看见这个样子，都受了感动。有一位姓曾的，他一个人独自捐了一百多万，感动人也不少。

有一个大珊中学，那里有个学生，为了献金跑回家去问他父亲，他自己应当分多少地。他父亲给他算了，他应当得五十七石田。他马上拿着文书都献给了国家。这个青年真算是一位伟大的爱国者。这里有个基督教团体，这些教友特别发起了一个礼拜献金，数目也不少。

这里有个椑木镇，有两个学校。我去讲话的这天，正是下雨，献金的时候，情形还不错。这一天，我们吃饭是在街上的一个小饭馆，有人要给我们预备饭，因为我们带的都有，只要有板凳、有桌子、有火就行。这些人没有看见过这样不扰人的做法，觉得很稀奇。内江南头有一个大镇，我到那里去讲话，民众到了很多，那里献金也不少。

内江县的县政府完全炸平了，进里头一看就是一片荒场，最近才盖了几间砖房，那是预备县长从江北过来坐一坐的地方。

乡间有一家给他的孩子办结婚，约我去证婚。他把结婚的钱都献了，这算是很难得的。

正在这个时候，敌人从郑州过了黄河，如入无人之境。我们河南的国军，也就一败再败，军纪不能维持，得罪了河南的百姓。结果呢？一营营地缴械，一团团地缴械。缴给谁呢？都缴给老百姓了。就在这个时候，美国的副总统华莱士先生来了。这时候的重庆报纸写些什么呢？除了前头败仗的消息，没有什么东西可写。内江的献金一天一天热烈起来，到了大会这一天，又超过了泸县。种种的照片、献的金戒指，以及各种热烈的情形，都登在报纸上。这样一来，使我们盟邦的友人看到我们大后方的民众正在开始行动。这样好材料各个报纸都争着登载，使同情我们的盟邦可以吐一口气，说："中国的力量还大着呢！"

这里易元明先生的夫人是缠足的，是五六十岁的人，她同那天足的人们一样地跑来跑去，不为别的，就是为了献金救国。我在这个地方，就更有了经验，首先写了好多副寿对，给些老太婆、老先生送上门去，真是很有效验。内江献金完了，就到自流井。有的人希望我不要再到自流井，也有的人盼望我快到自流井，他们想去年献了二百几十万，觉得太少啦！这一次到自流井，住在曾仰丰先生的房子里。这地方很干燥，山底下有一个临时的防空洞，就在院子前边。天到太热的时候，我就坐在他的临时的防空洞内休息，因此也沾光不少。这里献金也和别的地方一样，一拨一拨来办的。最好又最长久的，就是曾仰丰先生管着的各盐务局，除了一次献金之外，还有每月献金，一直献到胜利结束才算完事。原因一个是曾仰丰先生能起表率，一个是盐务界的朋友们都有知识，所以他们能够始终一致，没有一处是半途而废的。这是全国所有的机关都比不上的。

这里有一位盐商王德谦先生，五尺来高，两只大眼睛，四方脸，说起话来带学究腔。他有二三十年没有下山，别人找他，他都是不见的。因为他无求于别人，他自己有火井，火出得好，分煎二百几十口锅，可以烧盐，一年三百六十五天，昼夜不断地出火，当然这个收入不少。

有人对我说，有一次，有人请王德谦吃饭，他被绑了票，花了许多钱。从那以后他再也不下山了，谁请他也不去，谁找他也不见。这一次他听说我又到了自流井，发动节约献金的事，他受了感动，一次献金就献了许多谷子。有人算了一下，合一千几百万，他派代表来说了这个数目。我说："那样，我们应当见一见面才对。"他下了帖，请我们七八个人到他家里去吃饭。他住在一个小山上，是普通旧式房子，地是三合土打的，屋内很干燥，也很清洁，堂屋挂着我给他写的对子。堂屋后边有一间房子，就是他的佛堂，放着几个蒲团，墙壁上挂了些佛像，还有我上次过自流井的时候送给他的对子。他有三个小孩，是跟着一位老学究读四书五经，把孩子们读得面黄肌瘦，一点儿都不活泼。前头有五间房，都快倒了。我对他说："这些房应当赶紧重新修一下。"看他的意思，或是有点信仰风水，或者是这年头儿相宜不相宜。这种迷信的事情，在我们的社会里是很普遍的，在他这样的家庭里，对于这种事情信仰得更厉害。

刘仁庵先生是本市的市长，没有见过王德谦。曾景南先生是这里的盐务局局长，正管着盐商王德谦的，也没有见过他，可见见他是很不容易的。这里有个办特务的人齐耀荣，是湖南人，个儿不很高，办起事来很认真，对于囤积居奇，非常认真地查办，人们都怕他，可是也都佩服他。他们夫妇俩对于节约献金都很努力。这里市党部有位陆光禄先生，这里的烧盐工人对他很佩服。这些工人献了九百多万，只听了我一次讲话，他们就能献这么大的数目，可见他平素办得很不错。这里有一位警备副司令是广东人，同部子举先生是亲戚，也是他的一个好帮手，他对献金也很帮忙。这里中央训练团的一个同学小组，其中有一个余述怀的儿子余厚钦。有一次他们聚会，请的有余述怀。大家很恭维余先生，在吃饭的时候，他认定要献金一千万元，大家都很高兴，很欢迎，从此这个地方的献金就展开了。我记得有一位贡井的老先生，他的儿子来看我，我给他老先生送了一副寿联。第二天，他的儿子来说，他的父亲献金三百二十万。不是我那对联值钱，乃是他们看见抗日救国的工作重要了，因此，他们能够这么样的热烈。自贡市这里王、李两家是大户，有一天王家祠堂几十位王家的代表开了一个献金会议，青年人都主张多多献金，老年人就说要留下一些办教育，争吵得非常厉害。青年人说，若不赶紧献金救国，日本人来了，你们还能办教育吗？结果青年人胜利了。他们一年献八百多石谷子，一直献到胜利为止。

这里有几个中学，献起金来真是对着比赛，你的多，我比你的还多。韩叔信办的蜀光中学，他们是用种种争取第一的办法来比赛。有一位姓侯的女学生，她把父母给她做嫁妆的钱七八十万都献给国家。有人对她说："你不要买嫁妆啦？为什么都献了呢？"她说："国家不行了，衣裳越穿得好，那便是越没有人格。"就这样，她排除一切阻力得了全校的献金第一名。我给他们写了一些中堂，作为献金最多的奖品。

到了开献金大会的这一天，天气非常热。老人队、儿童队、妇女队、工人队，各式各样的团体，都打着锣、敲着鼓、吹着号、放着鞭，冲上献金台来。妇女队把很多的金戒指做成了一个很大的爱国图。还有一队，就是妇女们每人做了一双很结实的给将士们穿的青布胜利鞋，共有几千双，李德全也同她们在一起抬着上台来献。这一次献金的总数，金戒指和布鞋不算在内，是一亿二千万元。为什么有这个结果呢？当然是各界领袖的提倡，可是最主要的还是人民有十足的真实的爱国心，才能有这个成绩。

有的人看见别人的数目献得太大，他们自己不好意思不出，恐怕难看，就凑在一起写个无名氏。过了好久，这几位先生到重庆来，为了盐务的困难来呼救。我请他们吃饭，也介绍他们见那位，见这位。他们后悔了，他们觉得献金太少，我还是特别帮他们的忙。他们不但后悔，而且是互相埋怨献金的时候不应该献得不多。由这件事看来，余述怀、王德谦两位先生，真是有远大眼光的人，他们不怕因为他自己献金献得多，而被别人说他们怪话，或是嫉妒他们。他们很自然地愿意受他们的讽刺和批评。

党里头的同志像齐耀荣、陆光禄这样的人，昼夜不息地努力，总应该有点奖励才对。可是到底费了很大的力，只是给他们闹了个传令嘉奖而已，这够多么可惜吧！

从自流井到富顺县，这是我一九一六年（民国五年）来过的地方，也是一个很富庶的地方。县长姓张，叫孟才，短小精干，他对献金的事非常努力。这里有一位邓笠唐老先生，是个老举人，地方上的人对他很佩服，也很尊重，他对献金的事也很帮忙。这里同自流井一样，也分了多少队，每天我对大家讲话，也写了很多的寿联送上门去。这里有谢慧生先生的少爷住在这里，他也在地方上办些公益的事情。谢慧生先生就是谢持，是同总理（指孙中山）一起革命的一个大革命党。他的儿子两只大眼睛，一张四方嘴，法国留学生，很有学问，也很厚道，穿一个蓝布大褂，手里拿一个四尺多长的旱烟袋。那是这里的风俗，兴这个样儿，若不这样呢，那就算不上是老成持重的人。

城里头有一个湖，种有藕，长有荷花，在县城里边有这样大的湖就算很少有。

这里也有忠义队。他们的组织也是有声有色的，各码头的代表一集合，也是多少桌，很有精神，大家都很诚恳。这边新兴的办法，每县都有个银行，数自贡市的房子为最新式，而富顺县的呢，是旧式的，办法也很整齐洁净。

这里的邓老先生作的诗、作的歌、作的文章，多是为了抗战。他的意思要输入大量的强硬的血浆到一般人民的血管里去。他送了我几本诗歌，我都拜读过。他还有一两本没有印的，我对他说，我愿意找几个朋友帮他的忙，替他印一印，他非常高兴。这件事到如今还记挂在我心里，我觉得若不替他印了，真是对不过他。

这个地方的献金大会，结果也很不错。在这里另外办的一件事，就是慰劳抗战军人家属。原则是吃着、拿着、背着、扛着、提着、夹着，喜喜欢欢地回去。到了这天，来了几十桌客，有老太婆、老头子，男的、女的、小孩子都有。因为他们穿得太破烂，那些县公署的人和警察要维持秩序，对他们很有点不客气。我说对于客人，不能这个样子，这样就叫奴欺主，我就不客气地对这些警察人员给了一顿教训。

用饭的时候，猪肉、鸡蛋、白菜每人一大碗，吃的是很好的干饭。县长、科长、绅士们、警察局长和我，大家给他们盛饭。这些老太婆和老先生，一面觉得稀奇，一面觉得儿子当了兵就有这样的荣誉，真是不错。

有些人把碗里的肉拿出来，要找块纸包起来带回家去给孩子们吃，或者是给他们母亲吃，我找人赶紧给他们找了些个荷叶来分给他们。这种风俗，就是我们社会上的一种很纯良的好东西。因为吃一点好的，不忘他的老的，不忘他的小的。在四川这叫作“包杂拌”。

每个人回去带的有大米、棉花、猪肉、香油、盐、萝卜、红苕等很多的东西。拿不了，扛不动，事先预备的小学生、童子军，两个人送一位，出大门的时候，替他们抬着，替他们提着、拿着，真是“弟子服其劳”的样子，好看极了。

从富顺又回到自贡市，在这里也做了一次慰劳抗战军人家属的事，比富顺县人也多，东西也多，很热闹。因为是来的代表，事前有些人不大清楚，想：为什么只准他们进去，不准我们进去呢？门口来了好多人，在那里挤着，出去两个人，说了一会儿才散去。起初刘市长他们觉得这是招了祸来，我说没关系。以前有个朱浩然牧师，在信阳州，他一年都是舍不得吃，舍不得喝，节省下来的钱，到了十二月二十五日这一天，是耶稣圣诞，他蒸些馍馍，烧两大锅肉，足够二百人吃的，他招待那些叫花子。结果是越来越多，先来的人，他自己吃了还不算，腰里都要放上两个馍回去。这样一来，一个是后来的人馍馍少了；还有一个是吃了走了的又回来了，那当然不够吃。到了最后，有的在那里骂，说给你亲爸吃不给你后爸吃呀，骂着还不解气，上来就打，把礼拜堂里的窗户门全打碎了，把朱牧师的衣服全都扯掉了！朱师母出来嚷着说，不叫你办这个，你还要办，你看看受了打还不算，把衣服还撕碎啦。朱牧师笑着说，没有关系，必须这样心里才痛快。他每年要闹这么一次。你们大家为了慰劳抗战军人家属，被他们吵几句，嚷几句，算什么呢？刘市长他们大家听了我的话，也就都笑起来。这就是说办坏事有人骂，办好事还是免不了有人骂。这话怎么讲呢？你办坏事，好人骂你；你办好事呢，你就没有法子把坏人的嘴堵住，叫他不骂人。能想到这里，自然能心平气和。

自贡市办的这一次慰劳抗战军人家属活动，花钱很不少，很普遍。由这一件事情看来，一个县长和一个市长，关系太大了！他动，一县全动；他不动，一县全不动。县长、市长的好坏，关系非常重要。这种人才，平素应当好好培养，用起来的时候既要指导又要爱惜。最坏的是任意更动，三月一换，五月一更，这是万万要不得的。

县长、市长过于老了，定然是暮气太深，死气沉沉；过于年轻的，飞扬浮躁，不免乱来。有学问没有阅历，全拿理想来做事，免不了削足适履；只有阅历而无学问，把不住舵，摇摇摆摆，办出事来免不了有不符合原则的地方。最好的是，既有学问又有阅历，心地很和平，办事很认真，又须是无家务所累，这样虽不能说个个都做苏东坡、欧阳修，但大体上总说得过去。

总而言之，文武官吏要想着叫他好，必须在制度上有保障才成。若是生活没有保障，那是一种很危险的事。先贤说“衣食足而后知廉耻”，那是顶通达人情的话，不可不作为用人的指针。

从自贡市到威远县，一面办理节约献金救国运动的事，一面提倡青年从军的事，又发动了阵亡将士入忠烈祠的办法。这里的县长对我说，中央政府已经有了命令，抗战阵亡的，有全国性的，如张自忠、赵登禹、佟麟阁，无论哪一个城，或是哪一个祠堂都要有他们的名字；有地方性的，哪一县的就入哪一县的忠烈祠，哪一省的就入哪一省的忠烈祠。他这一县有二万多人在前方打仗阵亡，得到证明的有二百八十多个人。我说：

“你为什么不办呢？”

县长说：“一个是没有房子，一个是保甲长们还没有报齐。”

我说：“不必等齐，你先按中央命令做成几个牌位，蓝牌白字，人名都写上，油漆好了。”

就在吴岳庙里拿了黄纸来，我写了“忠烈祠”三个大字，一尺五见方，粘在大门口的匾上。到了第二天，在大操场里开了个大会，牌位放在台上，鸣起炮来。各界的人成群地来了，真是轰轰烈烈的祀典。完了用三个大亭子抬着，奏着军乐、民乐，绅士及各界的人们排起队来游行。在开会的时候，有一位老先生上到台来，扒到那牌位上看有他的儿子没有。一看有他儿子的名字，他喜欢得落下泪来，说：“好啦，好啦！我们这一家子都因为这个小孩子光荣啦！”说着说着，他鼓起掌来。

游行的队伍进了城，有一件事是事前没有想到的，就是家家户户门前摆了香案，放着祭点，点着蜡，烧着香，放起炮来。就是一个偏僻胡同里，也没有一家不是这样办。到了忠烈祠里，把牌位升到案上，我又讲了话。有一位空军上尉阵亡了，他的父亲要来的，因为病了没有来，叫死者的哥哥代表他父亲来讲话。他说，他的弟弟为国家阵亡，承冯先生来送他的名字入忠烈祠，这是他们一家的光荣，他们一姓的光荣，他们的亲戚朋友都觉得无上光荣，他们一乡也都是觉得光荣，本来他的父亲要自己来的，因为有病没能来。说了许多很诚恳的话，好多人都感动得落下泪来。从这一次入忠烈祠的游行以后，第二天来了许多青年人，有读过书的，也有一个字不认识的，都要来跟着我去当兵。我问他们：

“你们为什么要去当兵呢？”

他们说：“为了保卫国家，若是不死，可以回家当百姓；若是死了，可以入忠烈祠；况且若能奋勇作战，还能当委员长、副委员长呢！”

我看他们说的话虽然很少，可是很真诚，很实在。

这里献金的事，我对他们也一拨一拨地讲话。有人对我说，这里的商会会长走到大礼堂门口时对人说：“无论说什么，我是不献金的。”可是听完了我的讲话，他是第一个站起来说话的，数他献的数目最大。别人问他：“你不是说不献金吗？你为什么又献那么多呢？”他说：“你看我的胸前都被眼泪流湿啦，我不献金，我良心里不安。”

威远煤矿郭象豫和威远铁矿的矿长，二位一齐来见我。我请他们做了些铁牌，这是为了赠给拼命打仗的抗战将士和献金救国最多的工商界的朋友们的。这几十件东西，真是用处太大。有些朋友得到了这种铁的东西，他们觉得非常满意。实在说起来，国家也应当多用这种方法，来鼓励人民才对呢！

这里有一个很大的瓷窑，烧了许多新瓷器，销到各处，是这里的一种很好的出产。就有一样，没有江西的瓷那么白，那么细，这是还须要改良的。

这里附近有一个中学，这个校长很有办法，他有几个学生去从军，一切的费用都是学校里供给。他这些学生，一面在前方打仗，一面把前方种种实在情形写来报告给大家，这样学校同学生的感情弄得非常密切。像这一位校长，真算是一位有学识、有办法、有热情的校长了。在他这些学生当中，有一位在缅甸阵亡了，校长就在学校里给他盖了个纪念亭，那真是一件万古流芳的事情。老师对于学生有这样的好办法，谁不愿做他的学生？这个地方献金的事，我托靠了霍秘书来办。因为重庆有事，我就赶紧回去了。

16

抗战胜利

正赶上七月四日是美国的国庆日，赫尔利大使举行酒会，各国的客人都来了。赫尔利的个儿很高，看那样子总有六尺五六，很瘦，有点弯腰，头发和胡子都有些白的，两只眼睛充满了精神。在他的房子前头台阶上站着，端着一杯酒走下来，找着吴文官长，夹着他的胳膊，举起酒杯来，说恭祝健康，接着奏了中国国歌，又奏了美国的国歌。完了之后，他又同英国大使薛穆也举了杯，也奏了英国国歌。完了之后，他又同苏联的代办施高磋先生夹着胳膊、举着酒杯，互祝健康，之后也应当奏苏联的国歌，可是那美国乐队总共七八个人，都说不会，不会！弄得大家都笑起来，还有些人鼓起掌来。当然了，施先生脸通红，赫尔利两只眼睛直勾勾的，好像也不晓得怎么办才好了。这样怎么能办外交呢？

从这件事来看，办一件事情，除了有知识、有思想之外，还有就是要有准备。假如这位赫尔利将军事前能有一个预备演习，我想绝不会弄出一个这样的大笑话来。最大的病根就在准备的功夫太不够了，无论什么事情，只要心里有着一个随随便便，那就没有不糟糕的。

这一次献金回来，中央党部吴铁城先生找我去纪念周上报告，蒋先生、何先生他们都在场。自我三年前在军事委员会大礼堂说了士兵吃不饱、穿不暖等等的话以后，好几年都没有找我报告过。这次的报告说了一个钟头的话，说得所有人都前仰后合，笑得连嘴也闭不上啦。散会之后，好些位先生都说我们这种死气沉沉的、死板板的纪念周，听到先生这样的讲话，才算是有了生气，他们都高兴极了。

有一天，蒋先生当面对我说：

“你住的地方太热，到我南山去住几天，好吗？”

我说：“哪会儿找我去，我就去。”

一天没有信来，我给吴铁城打电话，请他给我问一问。几天也没有信，我又找钱大钧问一问，他也几天没给我回信。后来又找贺国光去问，他说去问，随后给信。晚上就有电话来，说蒋先生在南山等我，请我快去。我到了南山，住在桂堂，见了蒋先生之后，才知道他已等了我好几天了。这样我就在蒋先生家住了五天。

因为在外边说话太多，劳苦太过，就得了一种回归热的病。情形是这样，发起烧来，热度很高。我以为是疟疾，就吃奎宁，一吃再吃，都没有一点效力，并且是越吃热度越高，二三天都下不来，这才去中央医院查验到底是什么病。高学勤医生详细查验之后，知道是回归热。并且这种虫子只有一个，他决定了打针。若是两个，这个针就不能打，因为上边有个医院，也有人害这个病，一针打下去，病人就死了。缘故呢？说是虫子正多的时候，打不得，针打下去就死，这里头当然有些道理。我这一针打下去，睁着眼看见许多的大山都劈成两半，看见斜着的一道一道的石纹，闭上眼睛还是看见那些立着的山，倒着的山，破坏了的路，都在眼前，就这样种种的怪现象。是不是因为打针就有了这样的情形，也不知道。两个星期后，又打了一针，这才好的。从此脸上蜡黄，没有血色。回到陈家桥，房子太热，热得鼻子里流了血，用防空洞的水来冰头，冰好了。为什么用防空洞的水呢？乃是因为我在新买的邹海滨先生的楼房廊檐下面睡觉，正睡着的时候，觉着鼻子里往外流水，我想一定是睡觉前喝水多了，若是翻个身，左边鼻孔在下面一定就好了。哪晓得翻过身去之后，这个水还是直流，拿手摸摸，这水发黏，这才迷迷糊糊地想起来怕不是水，就叫来一个姓杨的，找他拿来灯照一照，看看是怎么的。一看通红，知道是鼻子破了流血。这位姓杨的说，你是受热了。我说你怎么知道我是受热的？他说，他昨天也是睡在这里，觉着很热，他鼻子里流了血了。我说：

“那样你怎么好了呢？”

他说：“是用防空洞里最凉的水冰头冰的。”

我说：“那很好，我赶紧下楼去，你快去防空洞弄很凉的水去。”

就这样，拿手巾沾了冷水往头上喷来喷去，把血止住了，以为这样好了。我觉着病刚好，总是走走路好，于是在大院子周围走走。走了一个大圈，回来鼻子又流血了，一面用冷水冰，一面找中央医院请了大夫，是耳鼻喉科的。他看了之后，说鼻子里的血管破了一块，我给你打个补丁就好了。他说，如同焊自来水管子一样，他用硫酸银在我鼻子里烧了一下子。从此，一面是谨慎小心，处处在卫生上留意，一面是真正没有再犯，这就是害回归热的余波。

由陈家桥回到重庆，又在蒋先生家里住了三天，还是在黄山。后来又把所说的话写了一封长信。

不可忘记的一件事，就是日本鬼子攻破衡阳不久，又攻下了桂林，又来攻柳州，以后又攻占了独山。这种情形，震动了后方各地的人们。看见的情形，就是在重庆有车的、有势力的，就把一切重要的东西，用很秘密的方法向成都方向运走了，每天都看见三十辆五十辆的车开着走。

桂林、柳州失守的时候，有的人把几万万的产业或是几千万的产业全部丢光了，一家人三十口的被炸死二十口，也有的一家十口人的被日本人杀了八口，那种痛苦情形，可说是笔难尽述。说是在那条路上，左边走的是老百姓，右边走的是中国的败兵，当中走的是追击我们的日本军队，有时候就这样平行地走着，谁也不管谁；也有时候日本人看着谁不顺他的眼，拿起带刺刀的枪来扑哧扑哧地乱刺一阵，就这样，被刺死的老百姓和士兵们是成千成万的，都倒在血泊之中。我三叔的儿子冯大民就这样被日本人用刺刀把头刺了几道口子，还算侥幸没死。

日本人要看见一个兵扛着枪，或拿着刺刀，他就红了眼，不分青红皂白地向着我们的士兵乱刺一阵。

在独山附近，有一个很大的山洞，里面装了很多的军用品。日本人每到一处地方，房子都烧光了，他们没有地方住，只可都到山洞里去。哪晓得这里有地雷，有炸药，日本人进去了还不算，又弄了些女人进去。正在这时候，有一位很有爱国心的也是很忠勇的士兵，他发了大心愿，愿意同日本人一块儿死，他用汽油把炸药点着了，只听得轰的一声响，把山都炸崩了。这样一来，日本人乱了，两丈见方的石头炸出来有一二十丈远，当时的情形如何就可想而知了。日本人的头子都以为中了埋伏，都不敢向前进。

重庆这个地方，中央通讯社发表了一个参考消息，说是某军长在綦江对着重庆去慰劳的人们讲话如下：

“在前方正紧急的时候，大家来慰劳，我非常感激。可是希望大家千万不可对着我们的士兵们说到前方去打仗的事，我们这队伍，从宝鸡开来，我对他们说是接防的，没有对他们说是来打仗的。我们这一路走着，无论是村庄城市，全是关门闭户，遇到雨天，衣服都淋湿了，不但没有更换的，就是要找一间屋子烤一烤，也是找不着的。没有办法，只可脊背对着脊背，在屋檐底下蹲一夜。若说到我们吃的，请你们各位看一看，是米饭就一点咸菜，连油都买不起。你们各位从重庆来，你们看看你们喂的猪，是不是比我们的官兵都吃得好？在这种情形之下，想叫我们去向敌人拼命，来保护你们的性命财产，你们要知道我们也是人，就是这样待遇，绝不能去拼命的。”

这一篇东西，于右任先看见的，他拿着去找蒋先生，问他看见没有。蒋先生说：

“看见了。”

于先生问：“怎么办呢？”

蒋先生说：“有办法。”

听人说，蒋先生马上召集了一个紧急会议，就是几个管军事的，对他们说：

“赶紧送几万万块钱到前方去。”

叫何某（指何应钦）去，何说：“我是参谋人员怎么能办这事，我也不认识他们。”

蒋先生又说：“张某某去。”

张先生说：“我一个管政治的人，到前边去有什么用？”

蒋先生又说：“俞某某跟着去。”

俞说：“我是管后方事情的人，到前方有啥用？”

何某又说：“我的车坏了，没法子去。”

蒋先生说：“你的车坏了，坐我的车去，非去不可。”

就这样勉勉强强地去了。有人说，若是唱戏还有一个张飞、黄忠来自告奋勇，不知为什么到了紧急的时候，叫谁去谁都不去。

拿这事来看，实在是一件最大的教训，并且是信史，不能不把它实实在在地记录在这里。

在这个时候，重庆发起了一个天主教和基督教联合起来的慰劳会，另一个是慰劳演讲会。有时讲一次话，可以见十几万元到二十万元。又把在成都余中英先生那里运来的献金的各项东西，完全交给了基督教青年会总干事黄次咸先生。我在后勤部又给他要了汽车，把猪肉、牛肉、咸菜、粉条等几大汽车东西，由黄次咸和李德全女士，在下着大雪、刮着大风的时候，很有勇气地开车走了。后来听说，这一次的慰劳，在贵阳，在独山，是真正送到前方的士兵手里了。

这个时候，一天一天的报上，登着特别传来的消息，说德国要投降了，也有人说德国投降日本也要投降。我开车到了成都，由成都又到青城山，住在天师洞后边真武殿里。我在重庆有大夫对我说，回归热的病好了必须休养十个月八个月才能复原。这样我找了一位在成都弹筝的先生一路到了青城山，每天都要同他学两个钟头，学会了《山高水长》《颜子陋巷》《平湖落雁》，我觉得这个东西实在能使人休养性情。罗运炎先生的三儿子，很精明，很好学，同我住在真武殿，帮助我学英文。在成都觉得很热，一到青城山便觉得很凉了，一天能下几回雨，冷得非穿棉袍不可。这里的易老道领我去看新修的大殿，用一块整石头刻的轩辕黄帝像，刻得很好。这是那年我来这庙里的时候，易老道请我指教他关于道教的事情，我对他说：

"你前头这个殿叫什么'三清'，这都不在圣经贤传上头，谁看了也不大注意。能不能按着太虚那个样儿，在缙云山把缙云寺里头的大殿只留下一座大佛，其余的都送到坑里头去。我们中国多少年来都说黄老黄老，黄帝和老子就是道教最好的祖师，你能够在一个大殿里做一个黄帝像为最好。我们都是轩辕黄帝的子孙，一定谁都高兴来看轩辕黄帝。若是你觉得一个像太不好，那你可以配上老子、伊尹、张良、太公、诸葛亮都可以。"

他听了我的话，非常高兴，我又对他说：

"你每一个像前头，应当立一个小一点的石碑，把他们的传记刻在上面，那就更好了。"

后来他找我写黄帝碑，我找陈哲甫先生本着一百名人传，头一位就是轩辕黄帝，修改修改，作了一篇很有根据的传记。我写的是魏碑，有核桃大小，都是四四方方的。他们庙里有一位老石匠，刻字刻得很好。后来他们把拓下来的黄帝碑文给我寄了一些来，看去很整齐，也很清楚。这一次易当家的找我写一本黄帝阴符经，我首先把一篇序给他写了，预备将来有工夫的时候，也给他写那个经文。

到了上清宫看见他这庙里头，还是在那里修盖房子，有一个石头刻的麻姑像，是张善子画的，画得很好，庙里的人们把它一张一张地拓下来卖钱。我想假如把长安城里头的碑林里的好东西选择些，再把小禹州的禹帖和山西绛州的绛帖，以及曲阜孔子庙里头的碑帖，挑些最好的，刻了石头，老道们再好好地学一学拓帖的办法，假如是一套一套地卖起来，这也是文化的生产，也是他们的收入。可惜他们没有这样办，一个是老道不容易到各处去找这种东西，还有一个找着这种东西，怎么运了来刻，他得要多少钱，这也是他们的困难。

这一天，我正在厨房里烧火，为的大家喝上开水，忽然间听到院里嚷起来，咕咚咕咚地跳起来了。有人跑进来对我说："日本人真的投降了！"并且拿了灌县县长在电话上报告我的话说："日本人确已投降，成都各界正在放鞭，预备游行。灌县已经放过鞭了，学校和民众正在预备开会游行呢！"我看了这个报告文，没有说什么，眼泪止不住地哗哗向下落。人们问我为什么落泪，我说：

"这是四五千万条人命，几百万条腿，几百万条胳膊，一条大河似的鲜血换了来的。听到了'胜利'两个字，不由得让我想到了那些为国死去的同胞，如同站在我面前一样，怎么能禁止住我的眼泪不向下落呢？"

接着，一个消息一个消息地传来，日本投降了一点儿不假。我对老道说：

"天师洞门左边这一块空地平一平可以盖一个亭子，名字就叫'闻胜亭'。"

老道很高兴，他说他们有的是木料。除了给他两万块钱外，又给他写了"闻胜亭"三个字，还写了两行小字，是说明在这庙里听见胜利的消息的。几个朋友，个个都是归心似箭，要回重庆，说着说着下了青城山。到了成都住在华英书局，这里正要开庆祝胜利大会，英国人、美国人都有，那天到的有几百人，我们的同胞男女学生都有，他们找我们到礼拜堂顶上撞钟。好难爬的楼梯，我想那些主张盖楼的人，他一定没爬过这个楼梯，因为太难爬了，又窄又高。我敲了一百零八下，把手全都震红了。敲完了之后，过了半点钟，我的两个耳朵里还是嗡嗡直响。我也在这里讲了话。这几天成都游行热烈得很，人们在大雨滂沱之下，衣服全湿了，他们还是十分的高兴。

我在华英书局，也请了许多外国朋友和中国朋友来吃茶点。没有别的意思，就是为了表示感谢盟国帮忙的意思。

回到了重庆，听到说派某人去接收什么地方，什么人到什么地方去受降，一天一天地过去。我以前写的对子总是写“要想着收咱失地，别忘了还我山河”，或是“革命安有息肩日，抗日方为绝顶人”。胜利之后，别人找我写对子，我就把对文改了，多是“人民为主宰，科学是救星”“时时求实干，事事讲维新”“腐旧终淘汰，维新必适存”。

各处来的消息渐渐多了，说是重庆人到上海、南京、天津、北平，都是五子登科；还有人说：“此间不留爷，必有留爷处。到处不留爷，爷去投八路。”总而言之，军队是归并又归并。当然打了八年仗的人，伤不但是受了好几次，而且每次都受好几处的伤，看看他的大腿和胳膊，受伤受得跟筛子底一样，一个窟窿挨一个窟窿，这样说编余就编余了，怎么叫他不说闲话呢？

有人问我以后什么事情最要紧，我说就是科学、民主最要紧，我又根据这个意见，写了一本《建国问答》。

今年一月几号，开最高国防会议，有陈辞修先生提的一件关于大赦的案子，是请元旦大赦。可是案子到元旦过了以后才拿出来讨论。我同居院长、于院长都非常赞成这个提案，因为这次抗战是几千年来所未有的事情。这八九年中，人民颠沛流离，出生入死，一定有大多数的罪犯是为着战争期间生活逼迫才铤而走险、以身试法的。那么胜利来到以后，实在应该来个大赦，除了汉奸卖国、贪污祸国的罪犯不赦以外，其他的一律赦免。这是尽情尽理、爱国保民的想法，应当这样办的。谁知有几位先生反对，说“大赦”是封建时代的办法，民国时代不应有，又说这，又说那。他们年岁又轻，气又壮，结果是交付审查，竟没有通过。开会回来，我马上写了封信呈蒋先生。

此后的事情，已经出乎“抗战生活”的范围，将在以后的书中详述。

跋

这本《我的抗战生活》是胜利以后就着手写的，到今天算是完成了这个工作，衷心感觉着很愉快。

往前翻看一次，说的都是实话，写的都是实事。可是正因为是实话实事，一定又得罪了不少人。我且不管那些，我想起中外的两个故事：

一个是唐朝的事情。有一年闹蝗虫，闹得“飞蝗蔽日，所过赤地”。这样的大灾难，按理讲总得让皇帝知道，好救济灾民。可是官员们恐怕说了这话，惹皇帝不高兴；不说呢，又怕万一知道了碰钉子。于是有位最聪明的京兆尹杨知，他上了个奏文说：“蝗虫不吃庄稼，都抱着荆棘自杀了。”此外还有皇恩感召一类的话。奏文上去以后，皇帝当然高兴，百官听了也都来称贺——这个小故事，真是天真可爱。

再者，我们看到世界大战结束以后，美国在那里算旧账，要追究珍珠港事件责任问题，连参谋总长马歇尔元帅都得去出庭。——这在中国人看来，或者认为是多余的事吧？

可是，正因为我们“不咎既往”，便不能接受历史的教训；不能接受历史的教训，就容易再犯错误，使历史的进程受到阻滞。

这对于人民，就是延长灾难。正因为如此的关系，我乃将这八年的经历，忠实写出，其是非得失，只好留待读者评判。

冯玉祥

一九四六年七月二十日

附录一

冯玉祥语录

不明白我的人说我矫情，善于倒戈，甚至骂我标新立异，骂我为活妖怪。在当时，我一句都不声辩，到了现在，我更用不着声辩了。

——《我的生活·蜀道难（一）》

百姓虽然终年劳苦，生活不如牛马，但这伟大可爱的自然，却未尝不能给他们以安慰。因又想到，他们自食其力，良善做人；我们食其食衣其衣的军队，若不为他们做忠诚的奴仆，为他们争自由谋幸福，那不但对不住眼前这些勤苦同胞，就是看看那些犁田的耕牛，也应该觉得大大可耻的。

——《我的生活·蜀道难（一）》

我以为世界上所以还能成功许多事业，都是傻子干出来的，绝不是聪明人干出来的。傻子何以能成事业？就因为他只问此事自己该做不该做。若认为该做，即努力以赴，苦干到底，赴汤蹈火，在所不辞。其间绝不把个人的利害计算在内，故结果纵不能成功，亦必成仁。

——《我的生活·从四川到廊坊》

实在的，民意之所向，即胜败之所系。这道理一点儿都不玄奥。因为士兵是百姓出身，士兵父母兄弟皆是百姓，百姓人人对他切齿痛恨，军队哪能有士气作战？武器纵然精良，处境纵然优势，也是枉然的了。

——《我的生活·饥困线上》

关于用人的意见，和重用乡亲本家的病害，在我的书中一再言之了。总之，我宁愿叫亲戚本家骂我，不能叫全国人民指责我；宁愿叫糊涂人骂我，不能叫有知识的明白人讥笑我。那种以公报私的事，我非不能做，实以读了些书，见了些事理，又受许多朋友们的多年指教，使我不忍以国家大事为徇私情的儿戏耳。

——《我的生活·督陕》

我们中国凡事都讲中庸，谈改革亦是因循迁就，结果变成妥协，谋国者慎重考虑以将事，不愿过于急进致引起旧社会之反感。这种苦心，我们自当体谅。但是为使旧势力安定，而致社会上之垃杂污秽一仍其旧，则青年主人们必以为谋国者无改革之心，新的中国将永无出现之日。

——《我的生活·赴俄途中》

张作霖、吴佩孚等军阀都说我们赤化，南赤就是蒋介石，北赤就是冯玉祥。我说，诚如所言，我们是赤化了。哪里赤化？就是赤心赤胆，流赤血以救赤子；除此而外，我们何处赤化了？

——《我的生活·郑州会师前后》

百姓们都知道，跟着我不识字的可以识字了，不会写信的可以会写信，有许多在家里不守本分的，到军队里几年以后，变成很守规矩的人，并且是一个忠于国家、孝于父母的人。这样一年一年地相传久了，他们都知道当兵可以救国家，并可以救自己，所以来得非常踊跃。

——《我的抗战生活·鄂豫视察》

有人说，清朝的县官是父母官，民国的县官是什么呢？应当是儿女官。父母官应当爱民如子，儿女官呢？应当孝民如父如母。说起来伤心得很，这些做儿女官的人，都跟败家子一样，不但是打爹骂娘，并且把父母赶出来，把家业侵吞了。

——《我的抗战生活·青峨记游》

你不要灰心，因为不光明，你们青年人必须奋斗，才有光明；因为无是非，你们青年人必须努力，才能有是非。

——《我的抗战生活·献金琐记（二）》

老百姓家里养个狗是干什么的？为了看家；养了猫是干什么的？是为了拿耗子；养了鸡是干什么的？不是为了打鸣，就是为了下蛋；养了牛是干什么的？不是为了拉车，就是为了耕田。那么，养了我们有什么用呢？把国家弄到这步田地，我们还配受你们大家的歌功颂德的话吗？

——《我的抗战生活·献金琐记（三）》

这是四五千万条人命，几百万条腿，几百万条胳膊，一条大河似的鲜血换了来的，听到了“胜利”两个字，不由得让我想到了那些为国死去的同胞，如同站在我面前一样，怎么能禁止住我的眼泪不向下落呢？

——《我的抗战生活·抗战胜利》

我对民众们说：“市政府要拆房，假若能首先给你们盖上房，叫你们再搬出去那是好的，若没盖好房，硬叫你们搬出去那就不对。这是中华民国，不是中华官国。人民既是主人，官吏就是仆人，仆人应当为主人做事，应当讨主人的喜欢。”

——《我所认识的蒋介石·在南京会议见蒋介石》

谭（谭延闿）就说：“‘忠信重禄’，非多加薪金，做事的人不能忠心。”我说：“重字你说八百为重，还有人说八千为重，八万为重，只要他不以人民为重，多少薪金也不会忠于国的。”

——《我所认识的蒋介石·在南京会议见蒋介石》

少将的肩章是多高尚、多宝贵、多难得的品级呀！至少也是弄冷身子碰热炮弹出身的人，不是十年也得二十年，才能得到少将的肩章戴一戴。就是军校出身的学生，毕业之后，先当排长，二年一级，没有一二十年也带不上少将领章呀！大家去看一看站在蒋介石的背后，端茶倒水说“耶司”(Yes)的奴才，不到几天就带上少将领章。难道说，是办新生活有功么？就因为这个，哪一位行伍出身的将官和军校或陆军大学出身的将官，看见了那种摇尾乞怜、歪肩谄笑的走狗态度，没有一个不在那里骂着说：“少将的领章和肩牌就这样的不值钱么？”

——《我所认识的蒋介石·拿着新生活欺骗世人的蒋介石》

最后我对蒋说：“抗战已经完全胜利，你是不是还要做皇帝？我们何必再干呢？让人家干一干不好么？全国的同胞都来参加政府的工作，都有说话的机会，你去背着铁铣修闸，我来背着大镐去打坝。每天下了工，作一首诗，画一张画，找几个朋友在一块儿唱个歌，那不比一天拍着桌子见谁骂谁、吹胡子瞪眼睛好得多么？”

——《我所认识的蒋介石·把三民主义变成三我主义的蒋介石》

附录二

冯玉祥为献金救国所作书法等

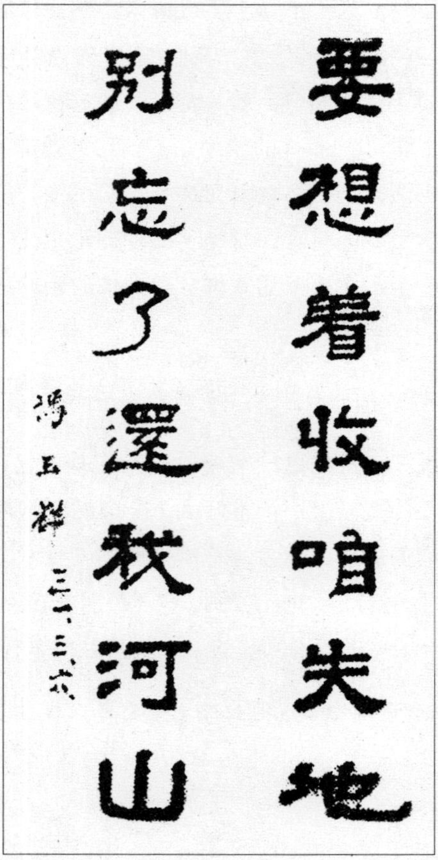

题字

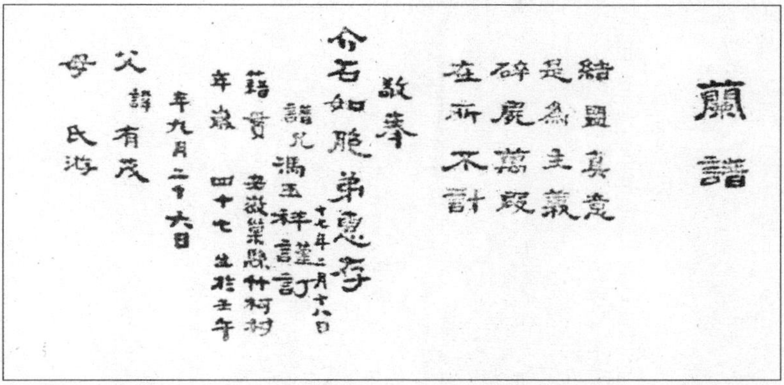

蘭譜

結盟真意
是為主義
碎屍萬段
在所不計

敬奉
介石如胞弟惠存
譜兄馮玉祥謹訂 十七年二月十六日
籍貫 安徽巢縣竹柯村
年歲 四十七 生於壬午年
年九月二十六日
父諱有茂
母 氏游

“冯蒋结义”为把兄弟时，谱兄冯玉祥手写的谱书：“结盟真意，是为主义，碎尸万段，在所不计。”

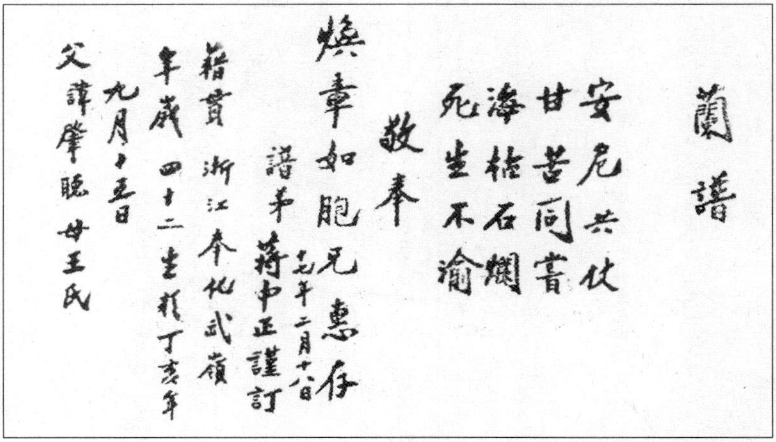

蘭譜

安危共仗
甘苦同嘗
海枯石爛
死生不渝

敬奉
煥章如胞兄惠存
譜弟蔣中正謹訂 十七年二月十六日
籍貫 浙江奉化武嶺
年歲 四十二 生於丁亥年
九月十五日
父諱肇聰 母王氏

“冯蒋结义”为把兄弟时，谱弟蒋介石手写的谱书：“安危共仗，甘苦同当，海枯石烂，死生不渝。”

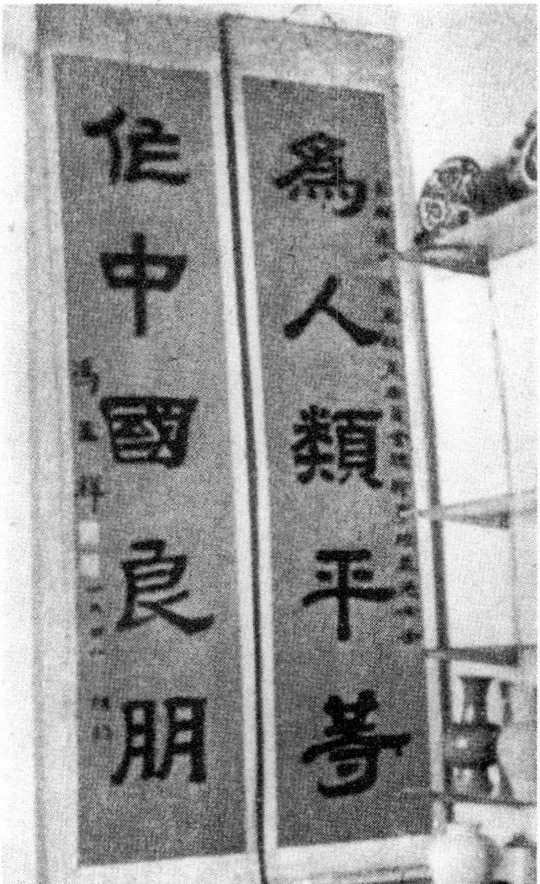

1948 年冯玉祥为外国朋友写的对联

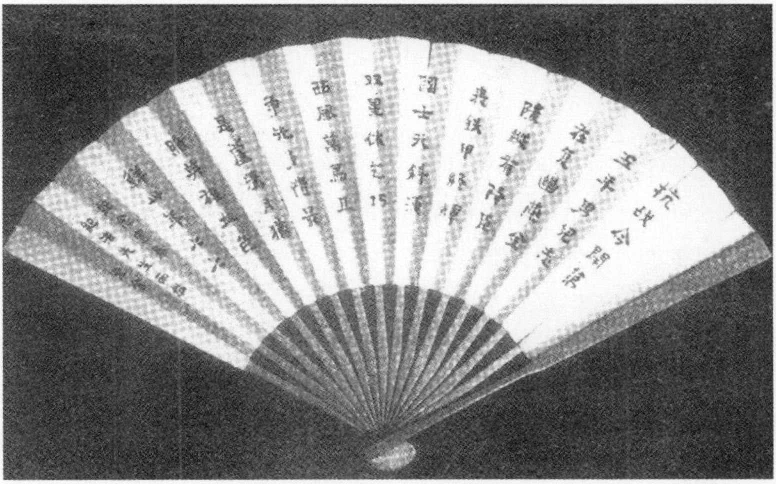

1941 年 7 月 7 日老舍在冯玉祥将军折扇上的题诗手迹

编后记

冯玉祥将军 (1882–1948) 是一位身经两朝 (清、民国) 数代 (从光绪、宣统、袁世凯以至蒋介石) 的著名历史人物，在中国近现代史的很多重大事件中，都有着冯玉祥作为军事家和政治家的重大影响。他从士兵到将军的人生历程，他打倒反动统治的毕生追求，正是积贫积弱的旧中国在黑暗中艰难求索、救亡图存的缩影。

本书是“冯玉祥自传三部曲”（即《我的生活》《我的抗战生活》和《我所认识的蒋介石》）的第二部，是冯玉祥将军口述，由其秘书人员笔录而成的。

1937 年卢沟桥事变爆发，抗日战争开始，冯玉祥将军抱着共赴国难的愿望，以军事委员会副委员长的身份，奔走各地，呼吁国共合作，一致对外。他曾相继出任第三战区和第六战区司令长官，亲临前线，指挥作战。1938 年 10 月，国民政府移驻重庆后，他又辗转在大后方各地，巡视部队，督察军训，向城乡群众宣传抗日救亡道理。他先后游历四川二十多个县，广泛发动献金救国运动。在抗战八年中，他深知士兵生活、民间疾苦，为老部下佟麟阁、赵登禹、张自忠等和其他国民党爱国人士的英勇抗日行为鼓与呼，同时痛斥亲日派的投降卖国罪行，揭露顽固派的反共阴谋，被周恩来誉为“为人所不敢为，说人所不敢说”，“屹然成为抗战的中流砥柱”。

本书原件现收藏在中国革命博物馆。20世纪80年代，为研究近现代史的需要，由中国革命博物馆整理后出版过单行本。此次出版，除了对书中个别明显有史实错误的人名、地名、时间，以及错字、漏字、衍字和有误的标点等进行技术性的校订之外，一律照原文排录未作改动。

“冯玉祥自传三部曲”的编辑出版，得到了冯玉祥将军之女冯理达女士的热情支持，提供了许多珍贵的资料，在此表示诚挚的谢意！

编者

2015年5月

（京）新登字 083 号

图书在版编目 (CIP) 数据

我的抗战生活 / 冯玉祥 著

– 北京：中国青年出版社，2015.5

（冯玉祥自传：2）

ISBN 978-7-5153-1211-8

Ⅰ.①我… Ⅱ.①冯… Ⅲ.①冯玉祥（1882~1948）– 自传 Ⅳ.①K827=6

中国版本图书馆 CIP 数据核字 (2012) 第 262032 号

我的抗战生活

著　　者：冯玉祥

汇　　编：丁晓平

责任编辑：李文华

装帧设计：后声 HOPESOUND

出版发行：中国青年出版社

社　　址：北京东四 12 条 21 号

网　　址：www.cyp.com.cn

编辑中心：010-57350520

营销中心：010-57350370

印　　装：北京科信印刷有限公司

经　　销：新华书店

规　　格：700×1000　1/16

印　　张：14

字　　数：200 千字

版　　次：2015 年 5 月北京第 1 版

印　　次：2015 年 8 月北京第 2 次印刷

定　　价：29.00 元